메가젠처럼

M E G A G E N

I M P L A N T

메가젠처럼

류랑도 지음

차례

시작하며　　발광체 기업 vs. 반사체 기업　　　　　　　　　8
책을 읽기 전에　　　　　　　　　　　　　　　　　　　　15

1

세계를 놀라게 한, 조금 특별한 회사
인간 중심 경영으로 어떻게 고속 성장을 하지?

대한민국 최초로 유엔에서 '사람 중심 기업'을 알리다　　　25
품질에 대한 목표는 아무리 높아도 높지 않다　　　　　　30
인재를 키우는 데 진심인 회사　　　　　　　　　　　　　36

제대로 일한다는 것

성과를 내는 독창적인 프로세스를 만들다

세상 어디에도 없는, CEO 직진성 방사형 조직   57

사막 개미처럼 정확히 목적지를 찾는 법   69

모든 조직은 생산과 영업을 위해 존재한다   74

모두가 모두를 키우는 회사

사람을 키우고 사람을 향하는 인재 전략

누구나 10년 안에 임원이 될 수 있다   93

비정규직이 1명도 없는 회사   102

생산직과 연구직의 임금 체계가 같다고?   108

연차보다 열정을 보상하는 시스템   115

팬데믹에 오히려 더 성장한 역주행 비결   121

남들이 가지 않는 길, 어려워도 제대로 된 길
시행착오를 즐기며 더 나은 방법을 찾기

계란이 바위를 이기는 방법   **139**

'카톡 경영'을 아시나요?   **149**

메가젠 질문법, 그래서? 왜?   **155**

혁신부터 절약까지, 업무의 5원칙   **161**

다 다른 사람이 모여 같은 방향으로 가는 비결   **173**

CEO 성과 코칭   **180**

'사람 중심 경영'에서 답을 찾다
치과 의사 박광범에서 메가젠 CEO로

잘나가던 치과 의사는 왜 CEO가 되었나?   **195**

예측이 가능하고 계획한 대로 이룬다   **211**

박광범이 꿈꾸는 메가젠의 미래   **222**

장사꾼이 아닌 사업가의 길   **231**

마치며　　　100년 기업 메가젠을 기대하며　　　　　　　　　**245**
박광범 대표의　퍼스트 펭귄의 세계 정복　　　　　　　　　　**250**
감사의 글

부록 1　　　발광체 기업 메가젠임플란트 소개　　　　　　　**258**
부록 2　　　세상에 없는 놀라운 아이디어, 메가젠 제품 소개　**270**
부록 3　　　박광범 대표 서면 인터뷰 주요 내용　　　　　　**292**

발광체 기업
vs. 반사체 기업

2023년 3월, 3년이 넘는 연구개발과 임상시험을 거쳐 세상에 없던 임플란트 아리(ARi)가 첫선을 보였습니다. 이미 애니릿지(AnyRidge)와 블루다이아몬드(BLUEDIAMOND)라는 독창적인 임플란트 브랜드가 있었지만 '아리'는 그동안 치과 의사들의 숙원과제였던 구강 전치부에 임플란트를 심을 때 감수해야 하는 극한의 어려움을 쉽게 해결한 획기적인 임플란트여서 더욱 특별한 신제품입니다. '아리'는 미래에 발생할 수 있는 복잡한 문제(complication)에 대해 미리 대처할 수 있도록 고안된 제품입니다. 이렇듯 메가젠임플란트는 '세상에 없는 컨셉'의 기술과 제품을 지속적으로 창조해내는 '자체 발광' 기업입니다.

이 책을 마무리 짓는 지금은 어느새 만물이 소생하는 봄을 지나 여름의 초입에 있습니다. 늘 그렇듯 봄이 되면 무채색이던 세상이 색색의 옷을 입습니다. 이렇게 아름다운 세상을 눈으로 직접 볼 수 있다는 것은 참으로 행복한 일이지요. 그런데 이렇게 무언가를 보기 위해서는 반드시 밝은 무엇, 즉 빛이 필요합니다. 사실 무엇을 '본다'라고 할 때 우리 눈만으로는 아무것도 볼 수가 없습니다. 아시다시피 본다는 것은, 사물에 맞고 튕겨 나오는 빛을 눈으로 감지하는 것이니까요.

그러나 태양같이 스스로 밝은 빛을 내는 것도 있습니다. 이를 '발광체'라고 합니다. 밤하늘에 밝게 떠 있는 달도 발광체일까요? 아닙니다. 태양이 비추는 빛이 반사되어 노란빛을 띠는 '반사체'일 뿐입니다.

이렇게 존재 자체로 빛을 발산하는 기업, 반사체가 아니라 발광체 기업을 여러분께 소개하고자 합니다. 바로 '메가젠임플란트'입니다. 혹시 이 회사를 아시나요? 그렇다면 아주 뛰어난 혜안을 가지신 분이 틀림없습니다. 그러나 어쩌면 치과 관련 업계에 종사하지 않는 일반 독자 중에는 잘 모르는 분이 더 많을 것 같습니다.

저는 25년 이상 경영 컨설턴트로 활동하면서 수백 곳이 넘는 기업들을 직접 만나왔습니다. 물론 그 회사의 CEO들도 많이 만났죠. 그러던 중 우연히 지난 2020년 여름, 운명처럼 박광범 대표와 메가젠임플란트를 알게 되었습니다. 그로부터 3년 가까운 시간 동안, 저는 이 회사에 대해 진심으로 깜짝 놀랐습니다. 처음에는 '세상에 어떻게 이런 반듯한 CEO가 있지?' 하고 놀랐고, 회사에 대해 알면 알수록 '도대체 어떻게 이런 식으로 조직을 운영하고 프로세스를 관리하지?' 하는 궁금증이 일었습니다. 그리고 마지막으로 '그런데 왜 사람들이 이런 독특한 경영자와 좋은 회사에 대해 잘 모르지?' 하는 생각이 들더군요.

수많은 기업을 만나본 제가 봐도, 알면 알수록 놀라움의 연속이었습니다. 그래서 이런 훌륭한 사례를 저만 알기에는 너무 아깝다는 생각이 들었고, 더 많은 사람에게 메가젠임플란트와 박광범 대표에 대해 널리 알리고 싶다는 마음이 가슴속부터 끓어올랐습니다.

그래서 제가 꾸준히 해오고 있는 일인 글로써 독자들에게 소개해야겠다는 생각은 진작 가졌습니다. 그런데 또 한편으로는 '혹시 내가 이미 이 회사에 대해 콩깍지가 씌어 좋은 면만 보는 것이 아닐까? 내가 아는 것과 다른 면은 없을까? 겉과 속이 다른 회사는 아닐까?' 하는 의심과 걱정도 들었습니다. 그래서 정말 많은 시간을 들여 이 회사의 내외부를 집중적으로 파헤쳤습니다. 다양한 위치에 있는 내부 구성원과 외부의 이해관계자들을 긴 시간 동안 인터뷰하며 검증도 했습니다.

제가 이 책을 쓴 목적은 크게 2가지입니다. 첫째는, 메가젠임플란트라는 회사가 창업해서 지금까지 어떻게 성장했는지 그 배경을 살펴보는 것입니다. 그리고 이와 더불어 이 회사가 시대적 과제를 수행하기 위해 도입한 아주 유니크하고 독특한 경영 방식을 세상에 알리고자 합니다. 많은 한국 기업 그리고 글로벌 기업과 CEO들이 벤치마킹했으면 하는 것을 중점적으로 다루었습니다.

간혹 실체를 알고 보면 '책 따로 경영 따로'인 회사도 있지만, 저는 오히려 책의 내용이 실제 이 회사의 독특한 경영방식이나 박광범 대표의 진솔한 모습을 제대로 담아내지 못할까 봐 걱정입니다. 저자로서 최대한 창작하지 않고 객관적인 사실을 중심으로 쓰려고 노력했고, 이 책에 나오는 여러 가지 경영의 비법들은 독자 여러분의 상황에 맞게 해석하기에 무리가 없을 것입니다.

둘째는, 이 책을 통해 더 많은 치과 의료인들과 일반 고객들이 훌륭한 발광체 기업인 메가젠임플란트를 더 잘 알게 되고 기꺼이 찾아줌으로써, 메가젠임플란트가 '토털 헬스케어 이노베이터(Total Healthcare Innovator)'로서 세계 시장을 선도하는 길에 조금이나마 보탬이 되기를 바라는 마음입니다. 그래서 다양한 사람들의 인터뷰를, 특히 치과 의료인들의 인터뷰를 많이 포함해 생생한 목소리를 있는 그대로 담았습니다.

메가젠의 경영 미션은 '포 라이프타임 스마일(for Lifetime Smiles)'입니다. 머지않아 메가젠임플란트가 글로벌 1위 기업으로 우뚝 서는 날, 이 경영 미션처럼 전 세계의 많은 사람이 맛있는 음식을 먹으며 얻는 '저작(咀嚼)의 행복'을 오래오래 누리고, 건강한 웃음을 되찾길 바랍니다. 그날이 오면 2023년에 이 책을 읽으신 독자 여러분은 다시 책을 펼쳐보셨으면 합니다. 그러면 "류랑도라는 사람은 어떻게 이 회사의 미래를 이렇게 정확하게 내다봤지?" 하며 놀랄 것입니다.

성수동 협성재에서

류랑도

더 높은 장벽을 세우기보다
더 큰 테이블을 만들고
더 큰 게임에 참여하세요.

Build a Bigger Table
rather than a Higher Wall
; be part of Bigger Game.
— For 100 years of MegaGen —

· 대구 메가젠임플란트 정문 앞에 새겨진 글

책을 읽기 전에

이 책은 메가젠임플란트가 어떻게 차별화된 퍼포먼스(Performance)를 만들어왔는가를 소개합니다. 퍼포먼스를 만드는 4가지 요소, 즉 프로세스(process), 피플(people), 포지셔닝(positioning), 프로덕트(product)를 중심으로 기업의 성장 과정을 살펴보고, 앞으로의 잠재력과 발전 가능성도 가늠해보려 합니다.

일반적인 기업의 성장 단계를 기준으로 보면 메가젠은 2002년 창업 후 지난 20여 년간 무수한 성장통을 겪으며 기초를 탄탄히 다져왔습니다. 그 결과 현재는 이미 성장기,

그것도 폭풍 성장기에 도달해 있습니다. 이제 갓 스무 살이 넘은 메가젠은 그 어느 때보다 제품과 서비스에 대한 고객의 수요에 잘 대응하고, 시장 점유율을 높이기 위해 인프라에 집중적으로 투자하며, 제품 개발에 혼신을 다하고 있습니다. 그런 준비를 마치고 다음 단계인 성숙기를 맞이하고 있습니다.

이 책은 5P 모델로 메가젠임플란트의 성과 창출 과정을 설명합니다. 기업의 성과 창출 모델인 5P 모델은 요약하면 다음 페이지의 그림과 같습니다. 메가젠은 조직 운영, 인사전략, 업무 프로세스 등 어느 것 하나 남들과 같은 것이 없습니다. 모든 것을 메가젠식으로, 메가젠 맞춤형으로 개발해 '일하는 프로세스'를 독자적으로 구축해 나가고 있습니다.

그러한 메가젠의 경영의 중심에는 늘 '사람'이 있습니다. 환자, 의사, 메가젠 구성원 모두가 존중받는 방향으로, 사람을 위하는 방향으로 사업을 펼치자는 것이 기본적인 바탕입니다. '사람 존중'을 기본으로 이들은 남들이 가지 않는 방향을 정조준하여 "세상에 없는 제품을 내놓겠다"는 야심을 늘 가슴에 품고 있습니다.

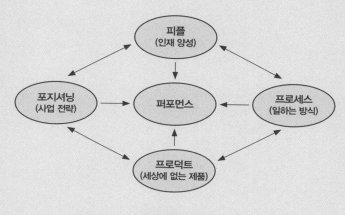

성과 창출 5P 모델

PART 1

인간 중심 경영으로 어떻게
고속 성장을 하지?

보통 기업의 '성과'를 논할 때는 매출이나 이익 같은 재무적인 성과를 기준으로 삼습니다. 학창시절 사회 시간에서 배운 것처럼 기업의 목적은 '이윤 추구'니까요. 물론 기업을 평가할 때 이러한 최종적인 재무 성과는 무엇보다 중요합니다. 하지만 그렇다고 해서 그것이 전부는 아닙니다. 재무 성과를 창출하기 위한 인과적인 선행 요소, 즉 고객 관점의 여러 지표, 생산성이나 품질, 원가, 서비스, 환경, 안전, 신제품 개발 등의 내부 프로세스 요소가 얼마나 지속적으로 나아지고 있는지에 대한 객관적인 기준도 중요한 고려사항이기 때문입니다.

그렇다면 이런 내부 프로세스 지표들이 나아지려면 어떻게 해야 할까요? 그 선행 요소인 학습과 성장 관점에서의 투자와 교육, 훈련이 필요합니다. 그리고 일하는 방식 같은 내부 역량의 수준이 지속적으로 향상되어야 하죠. 최근에는 기업의 비재무적 요소인 ESG(Environmental, Social, Governance)에 대한 중요성도 함께 증대하고 있습니다.

아시다시피, 이제 기업은 단순히 이윤 추구만을 목적으로 운영할 수 없습니다. 고객이 원하는 제품과 서비스를 제공하되, 그 과정에서 ESG 요소까지 준수하고 실천하는 것이 필수입니다. 이것은 거스를 수 없는 시대적 요구이고, 그 요구에 부응하는 경영 활동만이 진정한 성과로 인정받는 세상입니다.

메가젠임플란트(이하 '메가젠')는 매출액을 기준으로 최근 2~3년 동안 해마다 전년도의 50%씩 가파르게 성장하고 있습니다(2022년 기준 2,500억 원). 그야말로 해마다 기록을 경신하며 급성장하는 중입니다. 물론 재무적 기준인 매출이나 이익 규모만 놓고 비교했을 때는 비슷한 시기에 시작한 동종 기업에 비해 조금 부족할지도 모르겠습니다.

그러나 저는 그런 숫자로 된 재무 성과보다 지금 시대가 요구하는 경영 문화의 관점에서 메가젠이 얼마나 대단한 성과를 거두었는지를 강조하고 싶습니다. 왜냐하면 그 어떤 기업보다도 더 훨씬 오래전부터, 이 시대의 요구에 잘 부합하는 방향과 방법으로 놀라운 성과를 거두어왔기 때문입니다.

예를 들어, 메가젠은 '인간 존중'의 경영 철학으로 코로나19 팬데믹 상황에서도 구성원을 단 1명도 감축하지 않고 오히려 늘렸습니다. 또 기존에 성공했던 외국 제품이나 타사의 것을 모방하지 않고 새로운 기술과 디자인을 창조해왔습니다. 후발 업체지만 치의학계와 치과 업계가 함께 성장하도록 통 큰 기부를 실천해오고 있습니다.

앞서서 미래가 오기를 기다리는 게 아니라 먼저 준비하고 선도하는 솔루션을 끊임없이 제시해왔기 때문에 가능한 일이었습니다. 1부에서는 그동안 메가젠이 어떤 길을 걸어왔는지, 그 과정에서 어떤 차별화된 성과를 만들어왔는지를 소개합니다.

대한민국 최초로 유엔에서
'사람 중심 기업'을 알리다

대한민국 최초 'HEI 어워드 2019' 수상

2022년 6월, 박광범 대표는 미국 뉴욕 유엔 본부에서 열린 유엔·세계중소기업학회(ICSB) 공동 주최 행사에서 사람을 키우고 기업을 혁신한 성공 사례를 발표했습니다. 2019년 11월 세계중소기업학회가 사람 중심 기업가 정신의 확산을 위해 조직한 단체인 HEI(Humane Entrepreneurship Initiative, 이하 HEI)의 'HEI 어워드' 첫 수상자로 이름을 올렸기 때문입니다. 대한민국에서 최초이자 유일한 수상이었습니다.

예정대로라면 박광범 대표는 2020년 유엔 본부에서 사례 발표를 해야 했지만, 코로나19로 인해 2022년 여름이 되어서야 연단에 섰습니다. 다행스러운 사실은, 2019년에 상을 받은 이후 실제 사례 발표를 하게 된 지난 2년여 시간 동안 코로나19 팬데믹이라는 초유의 상황 속에서도 메가젠은 수출액이 2배가 되었고, 임직원 수도 2배로 성장했다는 것입니다.

게다가 국내 업체 중에 유럽과 미국 시장에 임플란트 등 치과 용품을 가장 많이 수출한 1위 기업으로 자리매김하기도 했습니다. 그렇게 더욱 뿌듯하고 행복한 마음으로 박광범 대표는 유엔에서 다음과 같이 메가젠의 성장 에피소드를 전했습니다.

유엔과 세계중소기업협회가 주최하는 이번 행사에 저를 초대해주신 ICSB의 전임 회장인 김기찬 교수님, 아이만 타라비쉬 현 회장님을 비롯해 이 자리에 계신 모든 분께 먼저 감사의 말씀을 드립니다. 저는 전 세계인의 건강한 웃음과 행복을 지키는 토탈 헬스케어 이노베이터, 메가젠임플란트의 대표이자 치과 의사인 박광범입니다.

짐작하시는 대로 메가젠의 성장은 '사람' 덕분에 가능했습니다. 예전부터 기업의 성장 가치를 '행복'이라고 저는 굳게 믿었습니다. 그래서 회사의 3대 목표 중 1번을 '직원의 행복'에 두었습니다. 코로나19 팬데믹으로 인한 위기에서도 고용 유지를 결정한 이유가 그 때문입니다. 단축 근무, 무급 휴가, 감원 없이 회사를 운영했습니다. 구성원들에게 '놀더라도 회사에 와서 놀라'고 말했습니다. 사실 바닥을 보이는 회사 재정에 가슴 덜컥한 순간이 한두 번이 아닙니다. 하지만 그것은 제일 잘한 선택이었습니다. 3개월이 지나서부터 주문이 쏟아졌기 때문입니다. 그 결과, 2022년 수출 1억 달러를 달성한 것은 물론이고 K-임플란트의 대표주자로서 유럽과 미국 수출 1위도 계속해서 지킬 수 있었습니다.

메가젠의 주력 생산 제품인 임플란트는 잇몸에 식립되어 사람의 생명과 삶에 기여합니다. 그래서 저희의 업(業)은 따뜻한 업입니다. 하지만 한편으로는 안전과 비용을 생각해야 하는 과학적이고 차가운 지식이 필요한 테크놀로지의 세계이기도 합니다. 그래서 균형이 필요한 산업입니다.

그와 함께 기업의 공익을 생각해야 하는 산업입니다. 경영의 균형이 고민될 때마다 저는 '행복과 성장'을 다시 생각합니다. 메가젠이 청년과 여성의 채용, 그리고 정규직 채용에 관심을 가지고 지역 사회와 학교를 후원하고 협력하는 것도 '행복과 성장'을 중시하기 때문입니다.

유엔이 2015년 제70차 유엔총회에서 결의한 17가지 지속가능발전목표(SDG)를 잘 알고 있습니다. '단 한 사람도 소외되지 않는 것(leave no one behind)'이라는 슬로건은 SDG가 유엔만의 목표가 아닌 우리와 전 세계의 목표임을 의미합니다.

빈곤, 질병 등 인류의 보편적 문제부터 지구 환경, 경제·사회 문제까지 아우르는 지속가능경영의 글로벌 기준인 SDG는 국제사회의 공동목표이기도 하지만 지난 20년간 '행복과 진심'을 강조했던 메가젠의 비즈니스 방향과 목표와도 부합합니다. 그래서 더 무거운 책임감과 사명감을 느끼며 이 자리에서 다시 약속드립니다.

"이 일이 그의 인생에 어떤 도움이 될까?"

그렇게 뉴욕에서 거사(?)를 치르고 돌아오는 귀국길은 의외로 박광범 대표 혼자입니다. 여느 CEO의 행보와 달리, 박광범 대표는 인천공항에서 혼자 지하철을 타고 서울역으로, 서울역에서 KTX를 타고 대구로, 또 집까지 택시로 이동합니다. 왜 그렇게까지 하느냐고 물어보니, 이렇게 대답했습니다.

"과거에는 운전을 해주는 젊은 직원이 있었지만, 단순하고 반복적인 일이 그의 인생에 별로 도움이 되지 않을 것 같다는 생각이 들었습니다. 그때부터는 운전도 제가 직접하고, 회사에서도 직원들에게 단순한 일은 기계에 맡기라고 합니다. 직원들에게는 기계 다루는 교육을 하기 시작했고요."

어쩌면 이 대답은 박 대표가 이제껏 어떤 시각으로 직원들을 바라봐 왔는지, '사람 중심 경영' 철학에 얼마나 진심인지를 엿볼 수 있는 대목 아닐까요?

품질에 대한 목표는
아무리 높아도 높지 않다

1년 반 만에 국내 최초 CE MDR 인증 획득

메가젠은 세계가 주목하는 '인간 중심 경영' 외에도 품질과 기술 측면에서 세계 일류기업으로 가고 있습니다. 실제로 최근 전 세계 임플란트 신뢰성 인증 어워드인 '클린 임플란트 트러스티드 퀄리티 어워드(Clean Implant Trusted Quality Award, 이하 클린 임플란트 어워드)'에서 무려 '7년 연속 수상'이라는 쾌거까지 이루었습니다. 20년 이상 임상으로 입증된 기술력과 제품의 신뢰성, 안전성을 또 한 번 검증받은 셈입니다.

게다가 2022년 12월, 메가젠은 국내 치과용 임플란트 업계 최초로 품질 시스템과 제품의 성능 및 안전성 요건이 강화된 유럽 의료기기 규정 CE MDR(Comitte Eurpeen Medical Devices Regulations) 인증을 획득했습니다. CE MDR 인증은 유럽 통합 기구 CE에서 1993년에 만든 기존 의료기기 지침인 MDD(Medical Devices Directive 93/42/EEC)를 품질과 안전 기준을 더욱 높여 개정하고 법제화한 것으로 2021년 5월부터 시행되었습니다. MDR은 기존의 의료기기 지침 형태인 MDD보다 안전성, 성능 유효성 등 충족시켜야 할 요구사항이 까다롭고 검증도 엄격해진 새로운 유럽 의료기기 규정입니다. 지침은 권고사항이지만 규정은 지키지 않으면 안 되는 강제사항이라는 점에서 차이가 있습니다.

그래서 CE MDR은 유럽에 의료기기를 수출하고자 한다면 의무적으로 획득해야 하는 국제 인증입니다. 하지만 절차가 무척 복잡하고 까다로워 준비할 것이 많고, 인증 획득에 상당한 비용이 소요되기 때문에 대다수의 기업이 어려워합니다. 시간도 아주 오래 걸리는 경우가 많고요. 그런데 메가젠은 2021년 5월 MDR 시행 이후 곧바로 인증 절차를 준비해 2022년 12월, 단 1년 6개월 만에 임플란트 시스템으로는 국내 최초로 CE MDR 인증을 획득했습니다.

엄격한 품질 규정에 선제적으로 대응하다

메가젠은 엄격한 품질 규정에 선제적으로 대응하여 글로벌 수준의 품질 역량 및 모든 요건을 준수하고자 노력합니다. 이러한 모든 활동의 목적은, 고객에게 안전하고 신뢰할 수 있는 제품을 제공해 치료를 성공시키기 위함입니다. 그것이 결과적으로 고객의 행복으로 이어지고, 인간 중심 경영의 본질이겠죠. 메가젠은 이미 유럽과 미국 수출 1위, K-임플란트로 기술력과 품질을 인증받았습니다. 거기다 CE MDR 인증까지 획득함으로써 글로벌 임플란트 제조사로서의 위상을 더욱 견고히 다질 수 있었습니다.

CE MDR 인증을 획득한 제품은 '엑스피드 애니릿지 인터널 시스템(XPEED AnyRidge Internal System)'으로 메가젠만의 특허 기술이 고스란히 담겨 있습니다. '엑스피드 표면처리' 기술은 임플란트 고정체 표면에 칼슘을 증착시켜 임플란트 시술 후 뼈와 임플란트가 잘 붙도록 합니다. 거기다 '나이프 스레드(Knife Thread)' 디자인은 날카로운 칼날 모양으로 초기 고정력을 높이고 치료 기간을 단축해주는 독자적인 특징을 가지고 있습니다. 제품에 관한 자세한 설명은 책의 맨 마지막 부분에 수록해두었습니다.

임플란트 종주국 유럽 수출 9년 연속 1위

2022년 12월 메가젠은 '제59회 무역의 날 대구경북 전수식' 행사에서 적극적인 해외 시장 개척과 수출 활성화에 기여한 공로를 인정받아 '1억불 수출의 탑'을 수상합니다. 아시다시피 '무역의 날'은 해외 시장 개척, 수출 확대, 일자리 창출 등에 공헌한 기업과 유공자를 포상하는 행사로, 한국무역협회가 주관하고 산업통상자원부가 후원하고 있습니다.

국내 임플란트 기업 중 유럽 시장 점유율이 가장 높은 메가젠은 품질과 기술력을 바탕으로 10년 연속 유럽 수출 1위를 달성했고, 3년 연속 미국 수출 1위를 달성했습니다. 해외 시장에서도 굳건한 입지를 확보하고 있어서, 꾸준한 수출 성장세를 보여왔습니다. 그래서 지난 2017년 5천만 불,

2020년 7천만 불 수출의 탑 수상에 이어, 2022년 1억 불 수출의 탑을 수상하는 성과를 거두게 된 것이지요.

특히 2022년은 러시아·우크라이나 전쟁 발발, 공급망 교란, 글로벌 금융위기, 원자재 가격 상승 등 각종 악재가 겹친 해였습니다. 그런 어려운 무역 환경 속에서도 높은 수출 실적을 달성한 단체와 무역인에게 수여된 정부 포상이므로 '1억불 수출의 탑'은 그 어느 해보다 큰 의미가 있습니다.

이처럼 메가젠은 코로나19 장기화에 따른 경제침체에도 불구하고, 시설과 고용에 대한 과감한 투자를 단행해왔습니다. 17개 해외 현지 법인과 100개의 해외 파트너사를 통해 탄탄한 네트워크 구축하고 있습니다. 미국, 이탈리아, 독일, 영국 등에서 국가별로 교육 세미나, 로드쇼, 제품 설명회를 활발하게 개최해왔습니다. 국가별 자체 행사를 매년 약 2,000건 이상 열어 최신 기술이나 정보를 교류하는 네트워킹을 강화하고 브랜드를 홍보하고 있습니다. 이러한 활발한 교류 활동이 누적되고 강화된 결과로 브랜드 인지도가 높아지고 매출 확대의 기반을 마련할 수 있었습니다. 그뿐 아니라 전 세계에 K-임플란트의 위상을 알리며 글로벌 덴탈 시장의 저변 확대에 큰 역할을 해왔습니다.

메가젠은 지속적으로 품질 관리와 안전성 강화에 노력을 기울여 고객의 신뢰를 얻고 있으며, 국내외에서 다양한 인증과 수상으로 높은 기술력과 전문성을 인정받고 있습니다.

인재를 키우는 데
진심인 회사

임플란트 업계 유일의 일자리 으뜸기업

메가젠은 2022년 8월 고용노동부 주관 '2022 대한민국 일자리 으뜸기업' 인증식에서 대통령 인증패를 받았습니다. 고용노동부는 일자리 으뜸기업 선정을 위해 국민, 지자체, 노사 등으로부터 추천과 신청을 받았고, 후보로 등록된 683개의 기업 중 고용증감 분석, 현장실사, 노사 의견수렴과 외부 평가위원의 심의 등을 거쳐 최종 100개의 회사를 선정했습니다. 그중에서 메가젠은 임플란트 업계에서 유일한 일자리 으뜸기업으로 선정된 것입니다.

사실 2022년이 처음은 아닙니다. 메가젠은 2017년에도 일자리 창출 관련 국무총리 표창을 받았고, 2018년에도 일자리 으뜸기업에 선정된 바 있습니다. 그런데 메가젠이 수많은 기업 중에서 선정된 이유를 좀 더 자세히 들여다보면 다음과 같습니다. 그중 한 번 더 짚고 넘어가야 할 사항은 이 책의 뒤에서 좀 더 상세히 다루고자 합니다.

1. 2022년 고용 창출 성과

– 2019년 대비 2배 인원 고용 (300여 명)

2. 안정적 일자리 창출 기여

– 100% 정규직 채용

3. 청년 및 취업 취약계층 일자리 배려

– 청년 및 고졸 채용 활성화

– 청년 일자리 창출 사업 적극 참여

　(고용 친화기업 청년 채용 인건비 지원 사업, 청년내일채움공제 등)

4. 일·생활 균형 실천

– 임금 삭감 없이 일 2시간 근로시간 단축

– 남녀 구분 없이 출산 휴가 및 육아 휴직 사용 가능

5. 지역 인재 성장 경로 마련

– 대구시 직업교육 혁신지구 지원사업 참여 및 정규직
채용

6. 인재 양성 지원 및 기업 이윤 사회 환원

– 직무 스킬 향상 교육, 핵심인재 등록금 지원

– 서울대학교 '치의학대학원 100주년 기념기금' 100억 원
기부

7. ESG 경영

– 친환경 시스템 운영, 활발한 사회 공헌 활동, 투명한 윤
리 경영

서울 광화문 교보문고 앞에 있는 '사람은 책을 만들고, 책
은 사람을 만든다'라는 글귀를 들어보셨을 겁니다. 이 말처
럼 메가젠의 경우 '메가젠은 인재를 키우고, 인재들은 메가
젠을 성장시킨다'라고 해도 무방할 것 같습니다. '사람'이 중
심인 메가젠 기업 문화는 분명 직원들을 더욱 행복하고 유능
한 인재로 만들어주고 있습니다. 그 인재들은 분명한 소속감
과 방향성을 갖고 메가젠이 세계적인 기업으로 우뚝 솟는 데
크게 기여할 것입니다.

"ESG 다들 하고 있는 거 아니었어?"

최근 많은 기업이 ESG 경영과 실천에 많은 노력을 기울이고 있습니다. 앞에서도 언급했듯이 ESG는 기업이 환경, 사회, 지배구조 측면에서 지속가능성을 실현하려는 경영전략과 체계를 말합니다. 예를 들어 '환경'은, 에너지 절약을 비롯해 대기·수질·토양 오염 등에 대한 환경적 책임을 뜻합니다. '사회'는 노동권, 인권 보호, 고객 안전, 사회 공헌 활동 같은 사회적 책임입니다. 마지막으로 '지배구조'는 기업의 이사회 구성이나 감사 등과 같은 내부 통제, 그리고 투명성에 관한 노력을 뜻합니다. 그렇다면 메가젠의 ESG 경영은 과연 어떨까요? 박광범 대표는 이렇게 이야기했습니다.

> ESG 경영이 강조되고 있다는 것은 역으로 그동안 기업들이 이런 내용에 대한 배려가 크게 부족했다는 의미인 듯합니다. 기업을 직접 운영하지 않는 일반인들이라면, 그저 자연인으로서의 지구인이라면 당연한 조치들이라고 해야 하지 않을까요? 단가를 낮추고 이익을 추구하기 위해 환경을 무시하고, 주변 사회와 구성원들을 억압하며, 비리가

많은 불투명한 운영을 하는 기업을 좋아할 사람은 없겠지요. 기업을 운영하는 입장이 되면 또 살아남기 위한 어쩔 수 없는 조치들이었다고 하겠지만, 이제는 더 물러설 곳이 없는 상황에 이르렀다고 봅니다.

메가젠에서는 이미 이런 활동들이 일상에 상당히 깊이 들어와 있습니다. 일회성 이벤트식으로 보여주는 행사가 아니라 생활 속에서 저절로 이루어지는 ESG 경영이 되어야 합니다. 모든 생산과 유통의 과정에서 환경과 에너지를 고려하고, 사내 구성원들과 마찬가지로 지역 사회와 커뮤니티에서도 주어진 역할을 생각하고 실천해야 합니다. 그리고 누가 파헤쳐도 문제없는 투명하고 올바른 경영 시스템을 운영해야 할 것입니다. 이것은 이제 기업이라면 반드시 해내야만 하는 가장 기본의 경영 방침입니다.

'장애인 우대'라는 다섯 글자

얼마 전 우연히 메가젠의 지난 채용공고를 보게 되었습니다. 생산팀에서 생산 팀원을 모집하는 내용이었습니다. 지원자

격이나 업무 내용은 여느 채용공고와 다를 바 없었는데, 우대사항이 특별히 제 눈에 들어왔습니다. 왜냐하면 보통 채용공고에 있는 '우대사항'이라고 하면 특정 자격증 보유자나 해당 분야 경력자를 우대한다는 내용이 대부분인데, 그곳엔 '장애인 우대'라고 적혀 있었기 때문입니다.

저 역시 사회생활 초반에 수년간 기업 인사팀에 몸담았습니다만, 현실적으로 '장애인 우대'라는 이 다섯 글자를 실제 채용공고에 기재하고 실현한다는 게 결코 쉬운 일이 아니라는 사실을 잘 압니다. 이것이 말처럼 쉬웠다면, 왜 수많은 기업이 장애인을 고용하지 못하고 있겠습니까? 대부분의 기업은 실제 장애인을 채용하지 않고 법률상 정해진 장애인 의무고용 수만큼 장애인고용부담금을 지급하는 게 현실입니다.

그러나 메가젠은 2011년부터 장애인고용촉진법을 준수하며, 실질적으로 장애인 고용율을 높이기 위해 앞장서고 있습니다. 예를 들어 장애 청년을 대상으로 취업 준비, 직무역량 강화를 위한 취업 연계 프로그램인 '드림 캠프' 행사를 2021년에 실시했습니다. 그 외에도 장애인 취업을 지원하는 여러 기관과 협력하여, 취업이나 재활 서비스의 기회를 제공하고 있습니다.

공평을 고려한 진정한 평등

매월 메가젠에서는 전 사원이 함께 소통하는 월례 회의가 열립니다. 2023년 1월 월례 회의에서 공유된 HR(Human Resources) 정책에서는 다양한 인재 확보 전략 중 하나로 '장애인 직원과 함께 일하는 문화 구축'을 특히 강조했습니다. 즉, 메가젠 구성원이 모두 모인 자리에서 HR 리더가 직접 장애인 직원과 함께 일하는 문화를 만들어나가자는 메시지를 전하는 것이지요. 그뿐 아닙니다. 장애인 직원에게는 입사 후에도 직무 능력 향상을 위한 리더십, 커뮤니케이션 교육, 컴퓨터 교육 등을 지속적으로 제공합니다. 그리고 추가적인 경력 개발 지원 프로그램도 운영합니다.

여러분은 이러한 메가젠의 HR 정책에 대해 어떤 생각이 드시나요? '솔직히 회사 운영에 꼭 필요한 일도 아닌데, 이렇게까지 해야 하나? 불필요한 낭비가 아닐까?' 혹은 '오히려 비장애인 직원들이 역차별당하는 것 아닌가?' 하는 생각이 들 수도 있습니다. 충분히 그렇게 생각할 수 있습니다. 그러나 평등(equality)과 공평(equity)의 정의를 다시 제대로 되짚어

본다면 생각이 달라지실 것입니다.

'평등'이란 누구에게나 차별 없이, 똑같은 질과 양으로 나눠주어야 한다는 개념이고, 이에 반해 '공평'은 기여에 비례하는 분배나 보상입니다. 메가젠의 방식은 공평을 고려한 진정한 의미의 평등의 길을 제시하는 것입니다. 장애인 구성원들이 비장애인 구성원들과 같은 출발선에서 함께 발맞추어 나아갈 수 있도록 회사가 추가적인 지원을 아끼지 않는 것이지요.

이것이야말로 말로만 그치는 것이 아닌, 진정으로 사회적 책임을 다하고자 노력하는 바람직한 기업의 모습이 아닐까요? 그러기에 ESG 경영 실천에도 정도(正道)를 걷는 메가젠이 진심으로 칭찬받아 마땅하다고 생각합니다. 2023년 3월 기준, 메가젠에는 총 700여 명 직원이 일하고 있습니다. 그 중에 여성, 중장년, 장애인 근로자가 전체의 3분의 1 수준인 200여 명입니다. 대부분이 비장애인 남성으로 구성된 동종 업계 다른 회사들과 비교해보면 다양성 측면에서 크게 앞서가는 수준입니다.

처음부터 ESG가
일상이었던 회사

이와 같은 박광범 대표의 확고한 경영 방침 아래 메가젠은 기업의 사회적 책임을 다하고 지속가능한 경영을 추구하는 ESG 경영을 실천하고 있습니다. 여기에서 간단히 영역별로 메가젠의 구체적인 ESG 경영 실천 사례를 살펴보겠습니다.

환경에 미치는 영향을 최소화

메가젠은 생산과 경영 활동이 주변 환경에 미치는 영향을 최소화하기 위해 노력하고 있습니다. 그 예로 다음의 것들이 있겠습니다.

① 탄소 중립 친환경 시스템 적용, 친환경 소재 도입

코팅하지 않는 '친환경 종이 상자' 사용, 생산 시 철저한 생산 오폐수·공기 관리 시스템 도입, 온실가스 배출량 감소를 위한 태양광 발전 시설 설치 등 친환경 시스템을 적용하고 있습니다. 이외에도 친환경 소재 도입에 적극적으로 동참하는 등 전 세계적 화두인 탄소중립(net-zero)에 발맞춘 시스템을 적용하고 있습니다.

② 소외 계층 어린이 교육

세계 최초로 임플란트 앰플(인공 치아 식립 과정에서 사용되는 작은 나사 모양의 장치. 인공 치아 식립 전 턱뼈에 밀어넣어 공간을 만들어주고, 그 공간에 턱뼈와 같은 조직이 자라날 수 있도록 돕는 역할을 한다)을 재사용이 가능하게 디자인해 환경 보호를 실천하고, 교육용, 놀이용 블록으로 만들어 소외 계층 어린이 교육과 놀이에 활용할 수 있도록 기증했습니다.

사회적 가치 창출과 발전에 기여

메가젠은 이해관계자들의 다양한 요구사항에 부응하며, 사회적 가치를 창출하기 위해 노력하고 있습니다. 무엇보다도 고객의 건강과 안전을 최우선으로 생각하여, 안전한 제품을 공급하고 있고, 그 외 지역 사회와 소통하며, 지역 발전에 기여하고 있습니다.

① 다양한 의료 취약 계층 지원

메가젠은 비대면으로 열린 마라톤 대회 '스마일런 페스티벌'에 공식 후원사로 참가해 얼굴 기형 환자와 의료 취약 계층 지원에 앞장서고 있습니다. 또한 '엔젤 기업 협약식'을 통해 치아 치료가 필요한 기초 생활 수급자와 차상위계층, 저소득·다문화·북한 이탈 주민 가정 등에 임플란트를 비롯한 다양한 의료 지원을 하고 있습니다. 육군훈련소와 장병들의 치아 건강 증진을 위한 MOU를 체결해 임플란트 진료를 지원하고 구강 관리 용품을 제공하고 있습니다. 그 외에 다양한 사회 공헌 활동을 지속적으로 해왔습니다.

② 장애인 치과 센터에 임플란트, 유닛 체어 기부

재단법인 스마일의 장애인 치과 센터 '더스마일치과'에 좀 더 양질의 진료를 가능하게 해줄 유닛 체어 'N2'와 메가젠의 특허 상품인 블루다이아몬드 임플란트를 기부했습니다. 특히 임플란트의 경우 '스마일 임플란트 미소드림 약정식'을 체결하고 양측 논의를 거쳐 일회성이 아닌 지속 사업으로 발전시켜나갈 예정이라고 합니다.

③ 집중호우, 태풍 피해 의료기관 지원

기록적인 집중호우와 태풍 힌남노로 피해가 심각했던 2022년 여름, 당시 수도권 내 의료기관 역시 피해가 컸습니다. 메가젠은 비록 대구에 본사와 연구소가 있었지만 서울시 치과 의사회를 통해 라텍스 글러브, 덴탈 마스크, 티슈, 종이컵 등 각종 치과 관련 용품을 지원했습니다.

투명한 지배구조와 윤리 경영

메가젠은 책임 있는 경영을 추구하며, 투명한 경영 활동을 통해 이해관계자들의 신뢰를 유지하고 있습니다. 회사는 법적 규정 및 윤리적 기준을 준수하며, 회계 감사와 투명한 보고를 통해 지배구조적 투명성을 확보하고 있습니다.

① 독립된 이사회 운영

대표이사와 이사회는 회사의 이익과 이해관계자들의 이익을 고려한 의사결정을 하고 있습니다. 또한, 이사회에서는 기업의 지속가능성 경영을 촉진하기 위한 전략과 계획을 수립하고, 실행 결과를 평가하는 역할을 하고 있습니다.

② 감사위원회, 윤리경영위원회 운영

감사위원회는 회사의 재무 상황, 내부 통제 체계, 감사 등을 검토하여 이사회에 보고하며, 윤리경영위원회는 기업의 윤리 경영 활동을 촉진하기 위한 활동을 하고 있습니다.

③ 경영 윤리

정보공개와 회계 감사 등을 통해 투명하고 공정한 경영을 추구하며, 엄격한 윤리 경영으로 법률을 철저히 준수합니다. 또한 다양한 이해관계자와의 소통을 통해 상호 이익을 추구하는 경영을 실천합니다.

④ 인권 보호, 인재 관리

메가젠은 모든 종류의 차별과 인권 침해를 금지하며, 직원들의 권리 보호에 앞장서고 있습니다. 또한 인재 개발과 직원의 삶의 질 향상을 위한 다양한 프로그램을 운영해왔습니다. 예를 들어, 고용 측면에서는 고졸 인재, 지역 인재를 채용하고 장애인을 우대합니다. 출산 휴가나 육아 휴직에 대해 남녀 구분을 없앴습니다. 그 외에도 직원의 역량 향상 교육과 인권 보호 교육을 실시하고 있습니다.

제대로 일한다는 것

성과를 내는 독창적인
프로세스를 만들다

모든 기업은 고객을 대상으로 마케팅과 영업, 제품 연구개발과 생산, 서비스 제공이라는 일련의 프로세스를 가지고 있습니다. 그리고 해당 기업이 추구하는 미션을 달성하기 위해 고유의 기업 문화와 경영 방식을 바탕으로, 조직을 구성하고 전략을 구축하며 이를 실행해 나갑니다. 때문에 이러한 프로세스들은 그 기업의 차별성을 결정짓는 가장 큰 특징이 됩니다.

메가젠에는 메가젠만의 특별한 방식, 문화, 프로세스가 있습니다. 큰 틀에서는 비슷해 보이지만 그 속을 들여다보면 너무 다릅니다. 다른 회사들과 비슷한 점은 오히려 그 무엇도 찾아보기 어려울 정도입니다. 이번 장에서는 메가젠만의 독특한 업무 문화, 프로세스를 소개합니다.

사실 메가젠의 업무 프로세스의 시작과 끝은 CEO라고 해도 과언이 아닙니다. 창업자이자 CEO인 박광범 대표는 구성원 700여 명이 일하는 모든 곳에 깊숙이 들어와 있습니다. 본부장, 연구소장, 팀장, 팀원들이 각자 직책에 맞는 역할과 책임을 다하고 있지만, 역할과 책임의 기준을 의논하고 결정하는 정점에는 늘 박광범 대표가 함께합니다. 이렇게 말하면 언뜻 '박광범의, 박광범에 의한, 박광범을 위한' 1인 독재조직 같지만, 절묘한 권한위임 프로세스와 맞물려 조직의 모든 구석구석이 빠짐없이, 신기할 정도로 일사불란하게 돌아갑니다. 박광범 대표는, 기준에 대해서는 독재를 하지만 방법에 대해서는 철저히 권한위임 합니다.

이름만 들어도 아는 세계 최고 기업들은 어떻게 일하는지, 어떤 프로세스로 돌아가는지 궁금하실 것입니다. 구글이나 애플이 시행하는 제도라면 앞뒤 가리지 않고 그대로 따라 해보겠다고 하는 회사들도 실제로 적지 않습니다. 그러나 박광범 대표는 그런 다른 기업의 방식이나 과거의 성공 사례들을 참고는 하되 결코 그대로 베끼지는 않습니다. 철저하게 고정관념을 배제하고, 본인의 머리로 시뮬레이션하고 메가젠의 체질에 맞게 구현해본 다음 '가장 메가젠다운 방식'으로 변형시킵니다. 그리고 '가장 메가젠답게' 제도를 안착시키는 것이죠. 그리고 그것은 우수 인재들이 너도나도 오고 싶어 하는 회사를 만들고자 하는 박광범 대표의 의지와 바람도 한몫한 결과입니다.

어찌 보면 남들이 하는 대로 따라가는 게 쉬울 수 있습니다. 쉽게 가는 방법이 될 수도 있는데, 왜 박광범 대표는 미련곰탱이(?)처럼 '가장 메가젠다운 방식'을 찾아 오늘도 먼 길을 돌고 도는 것일까요? 꿋꿋하게 자신들만의 방식을 찾아가는 메가젠을 보면 가끔은 안타깝다는 마음도 솔직히 듭니다. 하지만 어렵게 돌고 돌아가는 그 길이 또 제대로 가는 길이라는 것을 알기에 저는 늘 응원하고 있습니다.

세상 어디에도 없는,
CEO 직진성 방사형 조직

세상에 이런 조직도가?

여러분은 '조직도' 하면 어떤 그림이 떠오르시나요? 일반적으로 회장이나 사장이 맨 위에 있고, 그 아래 본부장, 실장, 파트장, 팀장 등이 올망졸망 매달린 피라미드 모양을 떠올릴 것입니다. 실장 아래 팀장이, 팀장 아래 팀원이 있을 테고요. 과거에는 여느 회사와 다름없이 메가젠도 수직적(피라미드형) 조직의 형태였습니다. 그러나 메가젠은 지속적인 조직 개편을 통해 바꾸었습니다. 바로 '방사형' 조직으로 말입니다. 방사형 조직이라는 용어도 아마 생소하실 것입니다. 말 그대로 가운데 CEO가 있고 모든 구성원이 해바라기의 꽃잎들처럼 한 장 한 장 빼곡하게 둥근 형태로 모여 있는 모양입니다.

과거에는 피라미드형 조직체계가 필요하고 유용할 때도 있었습니다. 급성장하는 시기에는 그랬죠. 하지만 요즘과 같은 경영환경에 그러한 조직도로는 기업이 제대로 앞으로 치고 나갈 수가 없습니다. 구성원과의 소통에 갭(gap)이 발생하기 때문입니다. 그러면 비전을 공유하거나 공감대를 형성할 수도 없고 목표를 달성할 수도 없습니다.

메가젠 역시 과거에 피라미드 구조로 조직을 운영할 때 여러 어려움을 경험했습니다. 목표 달성을 위한 부서별 세부 추진 전략이나 실천 과제를 정립할 때도, 수립한 계획을 체계적으로 추진하는 것에도 다소 부족함이 있었다고 합니다. 회사의 비전과 방향성에 대한 CEO의 생각이 모든 구성원에게 정확하게 전달되지 못했고, 본부장이나 팀장의 해석과 역할에 따라 다르게 변질되기도 했습니다. 그 후 박광범 대표는 회사의 비전, 현황은 물론이고, 사업계획과 그 타당성 등을 제대로 공유하고 전파하는 메가젠만의 체계가 필요하다는 결심을 했습니다.

모든 사람이 CEO와 연결된 수평 소통의 힘

현재의 방사형 조직 구조는 CEO를 중심으로 임원, 팀장, 팀원들까지 소통과 역할, 책임이 함께 공유되는 수평(flat) 체계입니다. 조직 운영의 원리는 이렇습니다. 본부장과 팀장이 자신이 책임진 조직을 자기 완결적으로 매니지먼트 하는 것은 같습니다. 다만 모든 직책 수행자들의 역할과 책임에 대한 우선순위나 성과목표 달성방법에 대한 기준을 CEO가 언제든지 개입할 수 있습니다. 일명 'CEO 직진성 방사형 조직'이 메가젠 조직 구조의 핵심입니다.

의사결정자와 실행책임자 간의 단계를 최대한으로 줄이고 좁힐 수 있다면 그만큼 의사전달 속도가 빨라집니다. 양방향으로 정보공유가 쉬워짐에 따라 조직 전체가 한 방향을 바라보고 속도감 있게 사업을 추진할 수 있죠. 박광범 대표는 머릿속으로 이러한 가정을 해보고, 세상에 없는 '가장 메가젠다운' 새로운 조직 구조 만들기를 시도했습니다. 박광범 대표는 도대체 무슨 생각으로 이런 조직을 만든 것일까요? 방사형 조직의 장점은 무엇이고, 메가젠에서 시도해본 결과는 어땠을까요? 보완할 점은 무엇이었을까요? 여러분도 궁금한 것이 한두 가지가 아닐 것입니다. 그의 말을 직접 인용해 좀 더 깊은 속내를 살펴보겠습니다.

사실 일반적인 많은 조직처럼 메가젠 역시 기존에는 피라미드형 구조였고, 각자의 역할과 책임(R&R), 그리고 시스템에 의한 체계적인 조직 관리를 추구했습니다. 그러나 몇 번의 쓰린 경험을 통해서 시급히 바꿔야 할 필요성을 느꼈고, 고심 끝에 지금과 같은 방사형 구조를 시도하게 되었습니다.

조직이 급속도로 성장하고 저의 역할도 많아지면서 직위가 높은 임원들을 외부에서 스카웃하는 경우가 종종 있었습니다. 그때만 해도 그분의 능력을 이전 회사 경력에 비추어 가늠했고 업무도 전적으로 위임했죠. 하지만 그로 인해 조직 전체가 매우 위험한 상황에 빠지기도 했습니다. 그때 생각했습니다. 임원 개인의 능력치도 중요하지만, 결국 메가젠의 비전과 목표, 방향성, 문화를 잘 알고 공감하며, 그것에 맞게 사고하고 리더십을 발휘할 수 있는지 충분히 검증하는 것이 중요하겠다고 말이죠. 그 후로 저는 리더마다 각자 그릇의 크기에 맞게, 단계적으로 권한을 위임하는 것이 바람직하다는 결론을 내렸습니다.

물론 이렇게 'CEO 직진성 방사형 조직' 형태로 운영해온 지 몇 년이 지나기는 했지만, 아직도 초보 단계라고 생각합니다. 먼저 저 자신이 모든 업무를 다 알 수 없고 어떤 경우는 지견이 부족한 부분도 있다 보니, 위임을 하고 지침은 제시하지만 추측건대 항상 '절반의 성공'이 아니었나 싶습니다.

아직 그분들이 더 발전하지 않아서 그런지, 제가 그분들의 역량을 빠르게 캐치업 해서 신선함을 덜 느껴서 그런지 모르겠지만, 더 큰 권한을 주고 위임하고 싶어도 아직은 때가 아닌 것 같다는 생각이 들 때가 있습니다. 그런 경우는 현재처럼 그들의 역할 중 일부를 제가 맡아서 할 수밖에 없고요. 솔직히 인재 관리를 잘하는 다른 기업들은 어떻게 하는지 배우고 싶기도 합니다.

그럼에도 메가젠의 현재 조직 구조가 가지는 장점으로는 이러한 것들이 있습니다. 무엇보다 CEO의 관심이 모든 곳에 미치고 있다, 지켜보고 있다(watch)는 인식만으로도 본부장을 비롯한 각 조직의 리더들에게 건전한 긴장감을 만들어줄 수 있습니다.

또 저는 이러한 수평적 조직 구조를 통해 각 조직을 더 자세히 들여다볼 기회를 가질 수 있습니다. 예를 들어 가끔은 제가 참석한 어떤 공유의 자리에서 실무자들이 소속팀의 이슈나 담당 업무와 관련된 내용을 제게 직접 전달하는 경우가 있습니다. 그때 저는 리더들이 보이는 대응 태도를 가만히 지켜봅니다. 그러면서 그 조직(팀)의 건강도를 가늠해보기도 하고, 또 제대로 일하는 인재를 눈여겨볼 좋은 기회를 얻습니다.

그리고 부서 간 협업 수준 또는 조직별 성장, 발전 수준 등도 비교적 쉽게 체크할 수도 있습니다. 예를 들어 한쪽에서는 이미 저만큼 나아가 있지만 다른 쪽은 크게 못 미치는 경우, 부서 간 소통이 원활하지 않다면 시간도 지체되고 사내 역동성도 크게 떨어지게 마련입니다. 그런데 현재의 방사형 구조에서는 그런 것들을 상대적으로 빠르게 개선할 수 있습니다.

단점이라면, 아무래도 해당 조직의 리더들의 불만을 꼽을 수 있겠지요. CEO가 시시콜콜 너무 작은 부분까지 관여한다고 생각하고, 본인들의 역할이 침해받는다고도 생각하니까요. 물론 어떻게 보면 조금 부담스러울 수는 있겠지요. 그러나 그런 긴장감 혹은 부담감이 리더에게 자신이맡은 조직의 현황을 좀 더 깊숙이 그리고 섬세하게 챙겨보게 만들어주는 동력이 된다고 생각합니다. 구성원들의 이슈나 애로사항들까지도 말이죠.

하지만 저는 지금도 늘 강조하고 기대합니다. 각 조직의성숙도가 좀 더 높아져서, 각 부문이 자체적으로 소규모방사형 조직으로 잘 운영되어 조직별 팔로우업(follow-up)수준을 높여주기를 말이죠. 그렇게만 된다면 저 역시 각본부장들에게 더 많은 권한을 위임하고 저는 미래 먹거리를 고민하는 등 CEO의 고유 역할에 좀 더 집중할 것입니다. 이미 연구소나 영업본부와 같은 일부 조직들은 일상적인 업무들은 거의 위임하고 있고, 아주 전략적인 이슈들만제가 개입하고 있습니다. 사실 저는 지금 시간이 정말 부족하거든요. 그리고 사실 이것은 저의 뒤를 이어 100년 메가젠을 이끌어갈 올바른 차세대 리더를 발굴하기 위한 방안이기도 합니다.

제가 곁에서 3년 정도 지켜본 바에 의하면 박광범 대표는 '기준에 대한 독재자'지 방법이나 사람에 대한 독재자는 아니라는 겁니다.

경영의 책임과 역할을 맡은 본부장이나 팀장이 자기 생각대로 과제를 도출하고 기준을 정하게 되면, 회사가 한 방향으로 나아가지 못합니다. 미래의 비전은 물론 현재의 성과 창출도 어렵죠. 그래서 박광범 대표는 회사가 지향하고자 하는 전체 모습과 핵심 성공과제를 조감하고 선택하는 일을 CEO인 자신이 하고, 그 과제에 대해 기대하는 결과물, 성과목표와 실행방법, 달성방법에 대해서는 본부장이나 팀장에게 권한위임 합니다. 물론 사전에 반드시 성과 코칭 프로세스를 거쳐 박광범 대표가 직접 검증합니다.

함께 일하는 본부장이나 팀장, 팀원들도 이 부분에 대해 많이 오해합니다. 그럴 수밖에 없는 것이 일반적인 경영자들은 본부장들이 팀장들과 함께 사업계획을 세워오면 보고받고 피드백하며 재작업하거나 보완하는데, 메가젠은 박광범 대표가 전체 그림을 그리고 조직별로 수행할 핵심과제를 본부장이나 팀장들에게 부여하는 프로세스이다 보니 일일이 세세하게 간섭한다는 느낌을 받을 수 있습니다.

하지만 저는 생각이 좀 다릅니다. 숲속의 나무 위치에 있는 본부장이나 팀장의 시각으로는 숲 전체를 볼 수 없습니다. 미래 성과 창출을 위한 연간 성과목표나, 성과목표 달성을 위한 선행 전략 과제를 찾아내지 못합니다. 그래서 CEO가 직접 숲의 관점에서 선행 과제를 도출하는 것이 바람직한데, 대부분의 기업에서는 그렇게 하지 않습니다. 이러한 조직 구조에 대한 구성원들의 다양한 의견들도 들어보았습니다. 구성원들은 어떻게 생각할까요?

가장 우수한 직원인 CEO가 세부적인 팀까지 코칭이 가능한 조직, 가장 합리적인 의사결정이 이루어지는 조직, 전 부서가 하나의 목표로 융합할 수 있는 조직이라 생각합니다.
– 입사 3년차 경영지원 부서 사원

말로만 '수평적인 조직', '신바람 나는 조직'이라고 하는 회사도 많습니다. 실제로는 군대 같은 조직인데도 말이죠. 메가젠은 조직 구조 자체가 방사형 구조이기 때문에 저절로 상호 존중하고 배려하는 수평적인 조직문화가 형성되는 것 같습니다.
– 입사 7년차 마케팅 부서 과장

대부분의 회사는 인사 관리를 인사팀장이나 본부장에게 일정 부분 일임하기에, 사원들이 팀장이나 본부장에게 더 잘 보이려는 경향이 있습니다. 하지만 메가젠은 CEO 중심의 방사형 조직이다 보니 사원도 중요한 프로젝트를 전담하고, 일의 중요도에 따라 사장님께 직접 업무 보고를 합니다. 보고를 받으실 뿐만 아니라 역량 체크도 해주시기 때문에 일의 능률이 높아진다는 생각이 듭니다.

– 입사 9년차 해외영업 부서 차장

메가젠은 누구에게나 기회가 주어지는 조직입니다. 이것 또한 CEO의 깊은 관여가 있기에 가능합니다. 조직의 본부장이나 팀장이 대표로 업무를 보고하지 않고, 실무자가 직접 CEO께 업무 보고를 하는 것이 특이한 점입니다. 이렇게 실무자가 업무를 보고함으로써 CEO는 조직 구성원 각자가 어떤 업무를 하는지 속속들이 파악하고 계십니다. 또 그들의 성숙 정도를 가늠하시기도 하고요. 그러기에 능력이 있는 사람은 빠르게 그 능력을 인정받고, 성장할 기회가 주어지기도 합니다.

– 입사 3년차 연구소 대리

모든 개별 부서의 독립적인 보고를 통해 빠른 의사결정과
실행이 가능합니다. 이 점이 가장 큰 장점이라고 생각합니
다. 반면 CEO 한 사람에게 모든 의사결정이 집중됨으로
써 중요 사안에 대해 충분한 설명이나 소통이 이루어지지
못할 수도 있고, 잘못된 결과를 야기할 가능성도 존재하기
에 향후 보완책은 필요하다고 생각합니다.

– 입사 5년차 해외법인 담당 상무

모든 기능에 CEO께서 깊이 관여하고 있는 느낌입니다.
많은 것을 직접 보고 받고 의사결정 하시는 편이라 기능별
업무들이 동일한 방향으로 진행됩니다. 다만, 같은 잣대로
판단함에 따라 간혹 어떤 일의 시행착오도 함께 겪는 경향
이 있는데, 그것 또한 함께 실패를 공부하고 과오를 반복
하지 않게 하는 독특한 운영 방식이지 않나 생각합니다.

– 입사 20년차 생산 담당 상무

거의 모든 의사결정이 대표님 중심으로 합리적으로 이루
어지고 있다고 생각됩니다. 하지만 조직이 커질수록 대표
님도 전체를 볼 시간이 부족해질 것이고, 중요한 의사결

정에 어려움이 있을 것 같습니다. 현재 본부끼리 실질적인 협의를 통해 결론을 도출하는 능력이 부족한 상태입니다. 즉 대표님 없이 결정을 내리는 게 서툴다고 생각합니다. 잘하는 부서와 좀 더 관리가 필요한 부서를 구분하고, 순차적으로 임파워먼트, 델리게이션을 해서 이러한 리스크를 조금씩 줄이고 대응해야 한다고 생각합니다.

– 입사 4년차 유닛 체어 사업본부 전무

보시다시피 구성원들 역시 메가젠의 독특한 방사형 조직 구조의 취지와 장점을 충분히 느끼고 있다고 생각합니다. 다만 사람이든 조직이든 누구도 100% 완벽할 수 없듯이 계속 단점을 보완해 나가야 할 것입니다. 2023년 메가젠이 이러한 조직 구조를 시도하는 것은 지금 이 회사가 가진 여건, 환경 같은 특수한 상황 때문입니다. 또 어느 시점이 되면 그때의 상황에 맞게 조직 구조도 바꿀 수 있지 않을까 생각해봅니다. 세상에 영원히 불변하는 조직 구조라는 것은 없습니다. '조직도' 역시 늘 변화하는 환경 속에서 기업과 사업을 가장 성공적으로 이끌기 위한 하나의 수단이기 때문입니다.

사막 개미처럼 정확히
목적지를 찾는 법

시행착오는 곧 데이터 축적

그렇다면 이러한 방사형 조직의 중심에 있는 박광범 대표는 어떤 방식으로 일을 할까요? 먼저 책을 집필하던 중 학창 시절의 박광범 대표가 어떤 학생이었는지 궁금해서 대구 강훈치과 강승훈 원장을 만나보았습니다. 강 원장은 박광범 대표의 대학 동기인데, 박 대표에 대해 이렇게 이야기했습니다. "박광범 원장은 무슨 일을 하든, 항상 데이터와 자료를 정리하고 모았습니다. 그런 자료의 축적이 오늘날 그런 탁월성을 만들어주었다고 생각합니다."

사실 저는 지난 3년 동안 박광범 대표와 메가젠 구성원들이 일하는 모습과 방식, 프로세스를 수없이 지켜보고 분석했습니다. 그래서 꽤 많이 파악하고 있다고 자부합니다. 그런데 박광범 대표가 일하고 의사결정 하는 것을 오랫동안 지켜보며 제가 가장 인상 깊었던 점은, 바로 끊임없이 새로운 방식을 시도한다는 것입니다. 아니, 조금 더 솔직하게 말하자면 '끊임없이 시행착오를 한다'입니다. 예를 들어, 지난달에 A라고 결정했더라도 아니다 싶으면 이번 달에 B로 바로 바꾸고, 어제 결정한 것도 오늘 더 좋은 방법을 알게 되면 일단 새로운 방법을 시도해볼 정도니까요.

너무 원칙 없이 경영하는 것 아니냐고 반문할 수도 있겠습니다. 이러면 조직 전체가 우왕좌왕하고 어떤 일도 제대로 돌아가지 않는 것 아닌가도 궁금하실 겁니다. 하지만 저는 오히려 이것이야말로 '뼛속까지 이노베이터 마인드'로 무장되어 있기에 가능하다고 생각합니다.

누구나 자신이 내뱉은 말을 정정할 때는 부담을 느끼기 마련입니다. 그런데 하물며 CEO라면 그런 부담이 더 크지 않을까요? 어제는 A라고 말했는데 오늘은 B라고 말하면 구성원들이 어떻게 생각할까 싶어 체면도 떨어질 것 같고 걱정도 되겠죠. 그럼에도 더 나은 것, 더 좋은 것이 있다면 미루지 않고 '즉시, 새롭게, 끊임없이' 방향을 수정하고 실행하는 모습을 보이기란 쉽지 않습니다.

이렇게 '끊임없는 시행착오'를 기꺼이 감수하고 받아들이는 열정과 에너지는 대체 어디서 나올까요? 어쩌면 이것 자체가 박광범 대표만의 '데이터 축적법' 중 하나가 아닐까 생각해봅니다. 박광범 대표가, 메가젠이 추구하는 최상의 목표, 최고의 그 무엇을 달성하기 위해서 말이죠.

꼬불꼬불한 길 찾기도 괜찮다!

여러분은 혹시 '사막 개미의 길 찾기'에 대해 들어본 적 있나요? 우리에게 친숙한 《어린 왕자》의 친구인 사막여우도 아니고 사막 개미라니, 낯설게 느껴질 것입니다. 사막 개미를 말하기 전에 먼저 개미 이야기를 잠시 해보겠습니다.

아시다시피 개미는 작고 단순한 뇌를 가졌음에도 아주 복잡한 일을 해냅니다. 복잡한 개미굴에서 서로 엉키지 않고 각자 길을 오가고, 먹이를 찾아 먼 길을 떠났다가도 쉽게 개미굴로 돌아옵니다. 개미들은 태양빛이나 커다란 지형지물을 이용해 자신의 위치를 파악할 수 있는데, '페로몬'이라는 냄새 분자로 서로 소통할 수 있기 때문이라고 합니다. 이렇게 개미는 작지만 대단한 곤충인데, 저는 박광범 대표와 메가젠 구성원들을 보며 사막 개미가 떠올랐습니다.

사막에도 개미가 삽니다. 사막 개미는 일반적인 개미보다 훨씬 척박한 환경에 사는 셈이죠. 언제나 타 죽을 것 같은 강렬한 태양빛이 내리쬐고, 커다란 바위나 나무 같은 지형지물도 특별히 없는 데다, 거센 모래바람에 냄새 분자가 모두 날아가 버리기 때문입니다. 그런데 이런 혹독한 환경에서도 사막 개미는 길을 아주 잘 찾는다고 합니다. 그것은 바로 사막 개미가 자신의 목적지(먹이가 있는 곳)까지 가기 위해 수많은 방법을 시도해보고, 자신이 겪은 시행착오를 잘 기억해두기 때문입니다.

사막 개미가 어떻게 이런 놀라운 길 찾기 능력을 갖게 되었는지는 아직 완벽하게 밝혀지지 않았습니다. 하지만 유력한 가설 중 하나는, 사막 개미 몸 안에 일종의 GPS 같은 것이 내장되어 있다는 설입니다. 그래서 먹이를 찾아 좌우로 움직이면서 끝없이 이동하는 동안에도 (마치 GPS를 장착한 것처럼) 현재 위치에서 개미굴까지의 방향과 거리를 계속해서 계산해 나간다는 것이죠. 그러면 결국 아무리 많은 시행착오를 거치더라도 다시 개미굴로 안전하게 돌아올 수 있습니다.

저는 박광범 대표가 일하는 방식이 바로 이 '사막 개미'와 비슷하다고 생각합니다. 일하다 보면 당연히 예상치 못한 수많은 상황을 마주합니다. 생각지도 못한 변수들이 막 튀어나오죠. 그때마다 그저 놀라고 당황해 '왜 계획대로 안 되지?' 한탄만 하고 있을 수는 없습니다. 농구선수가 피벗 플레이를 하듯 A가 아니면 B로, B도 아니면 C로, 다양한 방법을 시도하며 경험한 그 실패와 성공의 경험을 데이터로 축적하는 것, 이것이 메가젠을 성공으로 이끄는 자양분입니다.

사막 개미가 먹이를 찾으러 가는 길은 매우 꼬불꼬불합니다. 하지만 개미굴로 다시 돌아올 때는 직선 모양으로 옵니다. 메가젠 역시 과거에 그리고 지금 걷는 길에는 꼬불꼬불한 우여곡절과 끊임없는 시행착오가 있었지만, 그러한 경험이 머지않아 더 큰 성공을 가져다줄 것입니다. 시행착오는 미래의 실패를 줄여주는 좋은 데이터니까요.

모든 조직은
생산과 영업을 위해 존재한다

"잘 만들고, 잘 파는 회사면 됩니다!"

박광범 대표는 메가젠의 핵심이 '영업'과 '생산'이라고 강조합
니다. 그런데 다른 회사들을 보면 대부분 생산 부서와 영업
부서가 조직도에서나, 실무에서나 우선순위에서 밀리고 다
소 무시당하기도 합니다. 박광범 대표는 메가젠은 그렇지 않
다고 합니다. 그래서 전 구성원에게 영업과 생산의 중요성을
일깨우기 위해 정기적으로 페스티벌을 실시하고 있습니다.

　이런 이벤트를 하는 또 다른 목적도 있습니다. 영업과 생

산 현장에서 뛰는 구성원들이 자신의 발전 상황을 돌아보고, 다시 더 큰 성장을 준비하도록 하기 위함입니다. 박광범 대표는 향후 회사가 나아갈 방향 역시 '영업'과 '생산'에 방점을 둘 것이라고 말합니다. 타 부서들도 당연히 중요하지만 궁극적으로 이 두 부서가 강하지 않으면 회사가 더 높은 단계로 올라갈 수 없다고 생각하기 때문입니다. 지원 부서들도 회사 전체의 영업과 생산 능력을 극대화시키는 방향으로 움직여야 한다고 강조합니다.

모두가 생산과 영업을 알아야 하는 이유

메가젠의 제조공장이 처음 설립된 2002년 1월, 당시에는 전체 임직원이 10여 명뿐이었습니다. 누구 한 사람도 빠짐없이 메가젠의 중심인 제품에 대해 이해하는 것이 중요했습니다. 그리고 생산 물량을 맞추기 위해 전 직원이 직접 현장에 가서 후공정이나 포장 등을 도와야 할 때도 있었습니다. 부서 구별 없이 생산 부서의 일을 종종 다 같이 하게 되면서 자연스레 생산 공정 전반을 이해하게 되었던 것이죠.

그런데 전 구성원이 제품에 대해 이해하고 생산 공정을 자세히 알게 되자, 각자의 업무에도 큰 도움이 되었습니다. 한마디로 메가젠 임직원이라면 누구나 알아야 할 '공통의 언어'를 습득한 셈이지요. 그리고 네 일 내 일 따지지 않고 필요할 때마다 전 사원이 한마음 한뜻으로 일하다 보니, 서로에 대한 이해도 깊어지고, 덤으로 끈끈한 동지애 같은 것도 생겼습니다.

그러나 어느새 회사를 설립한 지도 20여 년이 흐르면서 조직이 거대해졌고, 일하는 문화도 달라질 수밖에 없었습니다. 국내 임직원만 해도 700여 명이고, 해외에 있는 법인, 딜러, 영업 인원들까지 하면 2,300여 명에 달하게 되었으니까요.

조직이 커지다 보니 각자의 업무는 좀 더 세분화·전문화되었고, 구성원들이 점차 숲을 보는 눈보다는 자기 눈앞에 놓인 나무 한 그루만 보는 단편적인 시각을 갖게 되었습니다. 그래서 박광범 대표는 회사의 모든 구성원이 메가젠 제품의 시작과 끝에 대해 제대로 아는 것이 필요하겠다고 생각했습니다. 앞서 말한 '공통의 언어' 말입니다. 제품의 구조나 생산 공정은 연구 부서와 생산 부서만 알아야 하는 것이 아니고, 영업 프로세스 역시 영업 부서만 알아서는 한계가 있기 때문입니다. 박광범 대표는 이렇게 말합니다.

> 잘 만들고 잘 파는 회사면 됩니다. 그런데 그렇게 되기 위
> 해서는 우리가 만드는 제품이 무엇이고 어떻게 만들어지
> 는지를 전 구성원이 현장에서 이해하고 익혀야 합니다. 또
> 그렇게 만들어진 제품이 영업 현장에서 어떻게 팔리는지,
> 고객들에게 어떻게 받아들여지는지, 그리고 고객의 소리
> 가 무엇인지도 연구 부서를 포함해 마케팅 등 모든 부서의
> 구성원이 현장에서 직접 느껴보아야 합니다.

이러한 관점에서 메가젠은 2022년 하반기에 전사적인 생
산의 이해, 영업의 이해 프로젝트를 시작했습니다. 전사 지
원 부서 구성원(본사와 연구소 내근직 177명)들이 일정 기간 생산
현장과 영업 현장에 참여해보는 형태로 프로젝트를 진행하
기로 한 것이지요.

이 프로젝트는 과거 회사 설립 초기와 같이 생산 물량 확
보에 직접적인 도움을 주는 것은 아닙니다. 하지만 본사 지
원 부서의 구성원과 연구원들이 생산과 영업의 현장을 실제
로 체험해보고 바르게 이해한다면 서로 더 체계적으로 협업

할 수 있게 됩니다. 현장을 알아야 탁상공론이 아닌 실질적인 지원과 새로운 아이디어를 주고받을 수 있으니까요.

생산의 이해 프로젝트

'생산의 이해' 프로젝트를 자세히 알아보겠습니다. 이 프로젝트를 주관하는 생산 본부가 대구 본사를 중심으로 본사 내근 직원들을 7개 그룹으로 나눈 뒤 3개월 동안 생산의 주요 공정에 참여시킵니다. 타 부서 직원들은 실제 현장에서 생산 활동을 지원하고, 공정을 하나하나 지켜보며 제품에 대한 이해도를 높입니다. 한 달에 한두 번씩 그룹별로 진행하는데, 직원 1명이 한 분기 동안 5~6번 정도 참여하게 됩니다. 한 번 가서 견학하는 수준이 아니라, 횟수가 꽤 많은 편이죠. 포장 같은 단순 공정은 물론이고, 다양하고 복잡한 생산 공정까지 상세하게 익힐 수 있습니다.

이렇게 각 그룹은 한 곳에서 지원 활동을 마치면 또 다음 공정에 참여하고, 그런 식으로 계속 이어지는 순환 구조로 운영됩니다. 전체 공정을 마치고 다 경험하게 되면 생산의 전체, 그리고 각 공정의 자세한 부분까지 알게 되는 것입니다.

물론 이 프로젝트를 시작하겠다고 하자 걱정과 우려, 부정적인 의견들도 나왔습니다. 그리고 모든 구성원이 적극적으로 환영한 것도 아니었습니다. 어떤 구성원은 마지못해 참여하는 듯한 수동적인 태도를 보이기도 했죠. 하지만 모두에게 자동화 생산 라인을 속속들이 이해시키자, 구성원들은 회사가 나아가고자 하는 방향을 더 정확히 알게 되었습니다. 늘 하던 일만 하는 게 아니라 특별한 활동을 경험해보면서 조직 내 새로운 활기도 생겨났고요.

게다가 프로젝트에 참여한 내근직 구성원들은 생산의 과정을 몸소 체험하면서 현장 작업자들의 노고를 이해하게 되었고, 프로젝트에 참여하면서 떠오른 현장 개선 아이디어들을 스스로 제안하기도 했습니다. 예를 들어 수동체결(손으로 제품과 지그를 결합하는 작업, 지그는 제품의 손상을 방지하거나 작업 편이성을 높이기 위해 장착하는 일종의 휴대품 케이스 역할을 하는 보조 부품이다) 비중 감소를 위한 장비 도입이나 구조개선 아이디어가 나왔습니다. 또 효율적인 피킹(picking) 작업을 위해 품목 코드별 적재 방식을 제안한 구성원도 있었습니다. 그리고 소소

하지만 조립 작업자 편의를 높이기 위해 의자 형태를 바꾸면 좋겠다는 아이디어도 나왔습니다. 실제로 이러한 제안들은 이후 현장에 적용되었는데, 구성원들은 자신의 제안이 반영되었다는 사실에 뿌듯해했고, 소속감과 단합심도 높아졌습니다.

현장에서도 타 부서 구성원들의 지원 활동을 반겼습니다. 평상시에는 별 문제가 없지만, 갑자기 대량 주문이 들어와 생산 최대치 이상의 수량을 단시간에 만들어야 하는 경우 혹은 부득이한 사정으로 일손이 부족해져 한 사람의 손이라도 아쉬운 일이 생길 때 본사 직원들이 지원해줄 수 있다는 든든한 마음이 든다고 합니다.

결과적으로 부문 간에 끈끈한 사우애도 생기고 함께 윈윈 하는 결과를 가져온 프로젝트라고 생각합니다. 이 프로젝트에 참여한 사람들은 이런 소감을 말했습니다.

수많은 공정 과정을 직접 보고, 임플란트 생산 과정을 자세히 이해함으로써 임플란트 개발 업무 수행에 큰 도움이 되었습니다.

— 입사 2년차, 임플란트 개발 부서 주임

작업시간을 단축하고 효율적으로 운영하기 위해 이미 많은 설비들이 자동화되어 있다는 사실이 인상적이었습니다. 그러나 여전히 수작업도 많았는데, 실제 작업을 해보니 많이 힘들었습니다. 생산 파트 직원들의 수고에 감사한 마음을 갖게 되었고, 저도 개선 아이디어를 더 많이 생각해봐야겠다는 의지도 불끈 솟았습니다.

– 입사 4년차, 통합 구매 부서 부장

영업의 이해 프로젝트

그다음은 '영업의 이해' 프로젝트입니다. 이 프로젝트는 연구소, 마케팅, 수주 등 영업 담당자들과 밀접한 지원 부서의 인원들을 그룹으로 나누어, 담당자와 함께 영업 현장에 동행하는 형태로 진행됩니다. 직접 고객을 만나는 자리에 참석해 고객이 원하는 것이 무엇인지, 우리 제품에 대해 어떻게 생각하는지, 무엇이 불편한지를 듣습니다. 그런 기회를 통해 영업 담당자에게 필요한 것은 무엇인지를 함께 듣고 느끼고 이야기 나누는 것입니다.

이 영업의 이해 프로젝트 역시 1회성 체험 활동 수준이 아닙니다. 조직에 따라 1개월 또는 2개월에 한 번씩, 2023년의 경우 3월 초부터 연말까지 장기 프로젝트로 진행 중입니다. 마찬가지로 프로젝트 참여자는 소감을 서로 나누고 현장에 제안하는 개선 아이디어도 고민해봅니다. 생산의 이해 프로젝트와 마찬가지로 영업 담당자의 고충을 몸소 느끼고, 타 부서의 시각에서 더욱 참신한 개선 아이디어도 많이 나올 것으로 예상하고 있습니다.

이처럼 생산과 영업을 몸으로 이해하는 프로젝트는 당장 매출을 올려주는 일은 아닐 수 있습니다. 오히려 누군가는 이런 일은 준비하고 추진하는 데 애를 쓰고, 참여하는 사람도 시간과 에너지를 투입해야 합니다. 어쩌면 모두가 번거롭다고 생각할 수 있습니다. 하지만 분명한 것은 실보다 득이 더 많다는 것입니다. 조직은 물론 개인에게도 말입니다. 많은 CEO가 입에 달고 사는 말처럼, '모든 답은 현장에' 있으니까요.

생산의 이해 프로그램을 통해 생산에 직접 참여하지 않는 구성원들도 제품과 생산 환경(시설. 설비)에 대한 이해가 높아졌습니다. 어떤 제품이, 어떤 공정을 거쳐, 어느 정도 기간에 생산되는지를 이해하게 되면, 타 부서 직원들과 서로 친밀해지고 각 부서의 니즈(요구사항, 생각)를 파악하기 쉽습니다. 자연히 업무 방식을 더 효율적으로 개선할 수 있고, 의견 충돌이 있을 때도 더 쉽게 합의할 수 있습니다. 도움이나 협업이 필요할 시기를 논의하며 즉각적인 현장지원이 이루어질 수 있도록 사전 훈련과 준비도 하게 되었습니다.

영업의 이해 프로그램 역시 영업 부서가 아닌 직원들이 고객 접점이나 영업 현장을 더 잘 이해하는 계기가 되었습니다. 고객이 원하는 것이 무엇인지(제품? 서비스? 다른 무엇?), 그래서 영업사원에게 필요한 것이 무엇인지(마케팅? 홍보물? 서비스? 가격? 신제품?), 그리고 전쟁터를 방불케 하는 영업 현장에 필요한 무기가 무엇인지를 관련 부서 직원들이 함께 고민하는 계기가 되었습니다.

PART
3

모두가 모두를 키우는 회사

사람을 키우고 사람을 향하는
인재 전략

메가젠은 현재 글로벌 임플란트 기업 스트라우만을 비롯해 국내의 오스템임플란트, 덴티움과 같은 여러 기업과 치열하게 경쟁하고 있습니다. 차별화된 기술력이 있고, 조직문화는 수평적이며, 매출 성장과 이익 극대화를 추구하면서도 구성원의 직무 만족도와 기업 문화 개선을 매우 중요하게 생각하는 기업입니다.

메가젠 창립의 모태는 스터디그룹이었습니다. 2000년 이전 우리나라에서 사용되는 임플란트는 미국 제품이 주를 이뤘는데, 박광범 대표를 비롯해 뜻있는 치과 의사들이 모여 임상가의 관점에서 좀 더 좋은 제품을 만들어보자는 포부를 가지고 출발했습니다. 그래서 메가젠 제품에 투영된 기본 철학은, 누군가에게 꼭 필요한 제품을 만드는 것입니다. 덕분에 메가젠 제품을 잘 이해하는 임상가는, "메가젠임플란트로는 해결하지 못할 케이스가 없다"고 이야기를 합니다.

또 오랫동안 세계적으로 이루어져 온 연구들은 임플란트가 갖춰야 할 특징을 먼저 구현하고 이를 환자에게 적용할 때 필요한 조건을 재차 고민하는 방식이었는데, 메가젠은 반대로 임플란트가 식립되어 기능할 생물학적 조직의 입장에서 가장 알맞은 임플란트를 개발하는 것을 목표로 합니다.

박광범 대표는 '임플란트는 수단이지 목적이 아니라는 점'을 강조합니다. 메가젠이 꿈꾸는 세상은 대부분의 치과 의사들이 오차 없이 좋은 결과, 비슷한 결과를 내도록 하는 것입니다. 그리고 그러한 제품을 개발하고 만들고 판매하는 내부의 구성원들은 언제나 서로의 성장을 응원하고 사람을 향하기를 기대합니다.

구성원을 대하는 박광범 대표의 생각은 언제나 '성선설'입니다. 일단 일을 맡겨보고 역량을 발휘할 기회를 주자는 긍정적인 시도가 먼저입니다. 일반적인 회사에 입사하는 신입 사원은 '수습 기간'을 거칩니다. 대개 3개월 정도인데 취지는 서로 알아보자는 것이죠. 함께 일할 수 있는 능력이나 태도, 자세가 되어 있는지 말입니다. 그런데 메가젠은 이 수습 기간을 신입사원뿐만 아니라 경력사원에게도 적용합니다. 이러한 수습 기간 때문에 입사를 철회하는 경력사원도 종종 있습니다.

물론 이미 검증된 분들이라면 수습 기간 없이 바로 업무에 투입되는 경우도 있습니다. 외부에서 영입한 임원의 경우 6개월 정도는 필요한 지원을 아끼지 않으면서 역량을 발휘할 기회를 줍니다. 설령 개인적인 스타일의 차이로 초반에 기존 직원들과 마찰이 있더라도 일단 지켜보고 메가젠에 스며들 수 있도록 티칭이나 코칭을 하며 도와주자는 게 박광범 대표의 생각입니다.

물론 메가젠과 맞지 않는다고 생각하면 과감하게 헤어지기도 합니다. 이때 박광범 대표가 가장 눈여겨보는 항목이 바로 인성입니다. 정직하지 않은 사람, 개인적인 이익을 위해 조직을 이용하는 사람, 조직의 비전을 달성에 기여하고자 하는 미션이 부족한 사람 등은 아쉽지만 헤어집니다.

'인간 중심의 경영'이 모든 사람에게 무조건 잘해준다는 의미는 아닙니다. 메가젠의 인재상인 '다운 사람'의 기준에 부합되지 않으면 능력이 출중해도 함께 가지 않습니다. 대신 탁월한 성과를 창출하고 역량이 뛰어나며, 자기 발전을 위해 끊임없이 노력하는 사람에게는 빠르게 승진할 기회를 줍니다. 예를 들어 미주 법인장을 맡고 있는 허준 상무와 아프리카 중동 본부를 책임지는 최영섭 이사가 그런 경우입니다. 최 이사는 지금 37세인데 33세에 대리로 입사해서 2년 후인 35세에 과장으로 승진했고, 그 후 6개월 만에 차장으로 승진했습니다. 그리고 이듬해 부장으로 발탁 승진했습니다. 그리고 2023년에 1년 만에 다시 이사로 승진했습니다. 물론 주위의 따가운 시선도 많았지만, 박광범 대표는 오로지 성과와 역량만을 보고 발탁인사를 했습니다.

허준 상무 역시 '발탁 승진의 상징'입니다. 허 상무는 82년생으로 40세인데, 27세인 2009년 2월에 사원으로 입사해 2011년 1월에 주임으로 승진했습니다. 그리고 주임 승진 후 6개월 만에 대리로, 다시 6개월 만에 과장으로 승진했습니다. 당시 30세로 일반적인 회사라면 대리 정도일 텐데 고속 승진을 시킨 것입니다. 그리고 2013년 7월, 사원으로 입사한

지 5년 만에 차장으로 승진했습니다. 그 후 2017년에 부장, 2020년 1월에 이사, 2023년 1월에 상무로 승진했습니다.

대기업이나 동종 회사의 일반적인 기준이나 제도는 참고만 하되 크게 신경 쓰지 않습니다. 과장이나 차장이 꼭 3~4년 이상 해당 직위에 체류해야 한다는 관행도 그저 참고만 합니다. 요즘 기업들에서는 '부장님', '차장님' 대신 이름에 'ㅇㅇ님', 'ㅇㅇ프로'를 붙이거나 아니면 직위 없이 영어 이름으로 부르는 것이 유행인데, 메가젠은 동기부여 측면을 고려해 기존의 직위호칭을 사용하고 있습니다. 대신 승진과 연봉을 통해서 과감하게 보상하는 정책을 사용합니다. 각 본부나 실, 연구소를 실질적으로 책임지는 임원들에게는 스톡옵션을 주어 더욱 큰 책임감을 가지고 일할 수 있는 토양을 마련해줍니다.

인사 평가를 할 때도 본부장이나 팀장의 의견은 듣지만 판단할 때는 박광범 대표가 반드시 직접 만나보고 합니다. 본인이 역량을 발휘할 시간을 충분히 주었다고 판단하면 그다음에는 냉정하게 평가합니다. 탁월한 성과를 내거나 역량향상과 능력개발을 위해 노력하고 성장하는 사람에게는 다음 직위를 맡겨서 역량을 발휘할 더 큰 기회를 줍니다.

또 메가젠은 연차가 올라간다고 해서 연봉도 자동으로 올라야 한다는 통념에 동의하지 않습니다. 성과를 내든지 역량이 향상되었다는 구체적인 증명이 있어야 직위 승진을 시켜줍니다. 한마디로 회사가 원하는 인재상인 '다운 사람'에 부합되도록 노력하고 지속적으로 역할과 책임을 완수하면서 성과와 역량을 증명해야만 그에 상응하는 인사 처우를 하겠다는 것이 메가젠의 인사 철학입니다.

누구나 10년 안에
임원이 될 수 있다

패스트 트랙을 제도화한 직능 자격 제도

임플란트 생산에 가장 중요한 분야가 CNC(Computer Numerical Control, 자동수치제어선반)라는 공정입니다. 원소재를 가공하여 임플란트 형태로 깎아내는 생산의 과정인데, 사람의 턱과 얼굴에 삽입되는 그 작은 임플란트를 각기 다르게, 미세하게 차이가 나는 모든 설계를 반영하여 정확하게 만들어내는 것이 그리 쉽지 않기 때문입니다.

제품의 구조, 크기, 부품의 수량 등 생산 공정에 최적화된 제품을 설계하고 가공할 수 있는 능력이 필요한 것이지요. 메가젠의 CNC 공정 기술자는 제품생산 과정에 있어서 양산 제품을 짧은 시간에 생산 공정에 최적화시킬 수 있는 기술을 가진 직원들입니다.

그런데 과거에는 이렇게 중요한 기술자를 '도제식(徒弟式)'으로 양성했습니다. 아시다시피 '도제'라는 것은 장인(匠人)에게 1대1로 기술을 전수받는 교육방식입니다. 현장에서 실무를 하면서 어깨너머로 알음알음 하나씩 기술을 배우는 형태라고 보시면 됩니다. 그런데 이런 방식은 단점이 있습니다. 실무를 직접 하면서 배우는데, 각각의 단계가 나누어져 있다 보니 모든 단계를 섭렵하려면 10년 이상 혹은 15년까지도 걸린다고 합니다. 그 정도로 시간도 오래 걸리고 배우기가 힘들다는 것이죠. 메가젠에서도 그랬습니다. 기술자의 역량이나 숙련 시간, 노력과 무관하게 여러 상황에 따라 개개인의 기술 습득 속도도 달라지고, 결론적으로 CNC 공정 기술자를 충분히 양성하지 못했습니다.

그래서 메가젠은 '직능 자격 인증 제도'를 도입했습니다. 젊은 직원들이 중간에 이탈하지 않도록 그들에게 일련의 로

드맵을 제시하고, 체계적인 교육과 숙련의 과정을 제공해 마스터로 성장시키고 육성하는 제도입니다.

우선 전체 CNC 공정을 12단계로 나누어 기술자들에게 이론과 실습 교육을 시킵니다. 그리고 1년에 2번 실시하는 레벨 테스트를 통해 기술자들은 자신의 기술 숙련도를 평가받습니다. 또 다양한 제품을 경험하고, 관리 능력을 향상시키기 위해 사내 공정 교육, 리더십 교육도 받습니다. 그 외에도 연구소 순환 근무, 해외 생산기지 파견 등 다양한 인재 육성 프로세스가 있습니다.

그런 식으로 다양한 교육 프로세스를 열어두면, 본인의 노력이나 의욕에 따라 기술 숙련도는 빠르게 성장할 수 있습니다. 개인의 노력으로 레벨을 빠르게 올렸다면 직위 연한을 떠나서 더 빠른 승진도 가능하고 더 많은 연봉도 받을 수 있습니다. 소위 '패스트 트랙(fast track)'을 아예 제도화해놓은 것입니다.

이러한 직능 자격 인증 제도를 통해 중요한 CNC 공정 기술자를 체계적으로 육성하게 되었고, CNC 공정 인원수 또한 2008년 12명에서 2018년 26명, 2022년에는 40명 수준으로 확대시킬 수 있었습니다.

관리자 양성을 위한 T자형 인재 육성

또 다른 생산 부서는 만들어진 임플란트를 가공하고 포장하는 공정을 담당하고 있습니다. 과거에 이 부서 구성원들은 그저 자신들이 맡은 공정만 담당해왔습니다. 사실 대부분의 회사, 대부분의 부서가 그렇게 일을 하죠. 그런데 그렇게 일하면 담당한 작업의 전문가가 된다는 장점은 있지만, 단점도 분명히 있습니다. 새로운 기술이나 다른 공정을 익히고 활용할 기회가 거의 없거나 부족하다는 것입니다. 그래서 메가젠은 소위 말하는 'T자형 인재 육성'을 실시하게 되었습니다.

우선 각 공정의 작업 단위에 따라 그룹을 나눕니다. 사원들은 해당 그룹 안에서 자신이 맡은 작업을 익히고 생산에 참여해 숙련도를 높입니다. 그 과정을 통해 선임으로 성장하죠. 그렇게 선임이 된 후에는 2~3개의 유관 공정 작업 그룹과 함께 일합니다. 유관 공정의 일을 배울 기회인 셈입니다. 그런 식으로 공정 간 교육과 순환 근무를 통해 본인이 하나둘씩 작업 공정을 이해하고 전체를 섭렵하고 나면, 해당 분야를 관리하는 성과 책임자가 될 수 있습니다. 자신이 맡은 작업만 하는 것이 아니라 생산 계획, 공정 개선, 현장의 애로

사항 개선을 위한 활동을 기획하고 관리하며 관리자로 성장
하게 되는 것입니다.

예비 일꾼의 성장 로드맵까지 완비

메가젠에서는 매년 마이스터고등학교에 다니는 우수한 학
생들이 일정 기간 실습을 합니다. 일반계 고등학교 학생들도
대학교 연계 프로그램을 통해 실습 기간을 마치고 수료하면
정직원이 됩니다. 입사와 동시에 대학에 진학하는 학생들도
있습니다. 고등학생의 경우 근무 시간이나 업무 범위 등 여
러 가지 제한이 많지만, 메가젠은 이들을 잘 선발하고 회사
에 잘 적응하도록 독려합니다.

학생들의 전공이 주로 기계, 전기, 설계 분야이기 때문에
CNC와 생산 현장에 주로 배치합니다. 3개월의 실습 기간에
는 내부 임직원과 '짜장면 데이' 등의 행사도 하는데, 그 자리
에서 회사나 업무에 적응하는 게 힘들지는 않은지, 제안하고
싶은 의견은 없는지 등을 들어봅니다.

메가젠은 유년 시절을 벗어나 사회에 첫발을 내딛는 사회 초년생들에게 성장의 기회를 열어주는 일에 진심인 회사입니다. 고등학생 실습생들이 3개월간 실습을 성공적으로 마치면 회사는 수료와 동시에 정직원으로 채용하는데, 이때 '20세 새내기를 위한 메가젠 로드맵'이라는 것을 설명합니다.

그 주요 내용은 학력의 차이를 떠나 내부 교육, 승진 체계를 통해 개인의 노력 여하에 따라 부서 선택 등의 다양한 기회가 있다는 것입니다. 또 희망자는 대학에 진학할 수도 있고, 추가적인 교육을 원하는 사람은 사내 '직원 학위취득 지원제도'를 통해 지원을 받을 수도 있습니다. 앞서 말했던 것처럼 '공평한 기회를 제공해 직원의 성장을 적극 지원한다'는 것이 메가젠의 인재 철학이기 때문입니다.

이 로드맵은 '현재 내가 하는 일이 평생 해야 하는 일은 아니다. 현재를 통해 내일은 다른 일을 할 수도 있고, 내년에는 승진할 수도 있다'는 것을 구체적인 계획으로 보여주는 것입니다. 사회 초년생들이 조직에 잘 적응하고, 인생을 더 길게 더 멀리 내다보도록 돕고자 하는 박광범 대표의 노력을 보여주는 단편이기도 합니다. 즉, 현장 사원이라고 해서 퇴사할 때까지 생산만 하는 것이 아니라, 우선 전체 공정을 이해하고 그것을 기반으로 '관리자'의 업무도 할 수 있다는 메시지입니다.

관리자가 되면 자신이 맡은 업무도 잘하겠지만, 회사의 성장에 발맞추어 현장을 변화시킬 수 있습니다. 메가젠은 생산직 구성원도 처음부터 그러한 역량을 갖추는 것을 목표로 삼길 바랍니다. 그래서 메가젠은 관리자를 외부에서 영입하지 않습니다. 내부에서 육성하고 선발하는 것을 원칙으로, 순환근무나 관리자 양성 교육이 원활하게 돌아갈 수 있는 조직을 구축하고 이러한 특별한 제도들을 실행하고 있습니다.

메가젠의 생산 부서는 그저 주어진 시간에 할당된 생산량을 맞추는 것만을 목표로 삼지 않습니다. 생산을 중시하는 회사인 만큼, 생산 부서가 회사의 미래를 함께 고민하고 계획하며 그러한 일에 능동적으로 참여하길 바랍니다. 이러한 회사의 바람처럼 생산 현장의 한 사람 한 사람이 회사의 성장을 이끄는 중요한 축으로 역할을 할 것입니다.

앞서 설명한 생산과 영업에 대한 전사적 이해도를 높이기 위한 프로젝트를 비롯해, 생산 부서 구성원들에 대한 다양한 육성 제도들이 서서히 결실을 맺고 있다고 합니다. 생산 부서 구성원들을 육성하는 프로그램을 2021년부터 시행했는데 '인력 능력 향상 5개년 계획'이라고 이름 붙였다고 합니다.

이 프로그램을 시행하기 전에는 교육 기회가 편중되는 문제가 있었습니다. 반장이나 팀장과 같은 리더의 말을 잘 듣는 사람들에게만 교육 기회를 주었던 것입니다. 그러다 보니 소수에게만 기술이 전수되어 필요한 순간에 제때 생산이 이루어지지 못하는 사태가 종종 일어났습니다. 게다가 새로 입사한 사람들도 자신의 업무능력 향상이 아니라 팀장에게 잘 보이기 위해 노력하는 행태를 보였습니다. 차별받은 구성원들은 자연히 퇴사를 선택했습니다. 배울 게 없고 동료들과 잘 안 맞았으니까요.

인력 능력 향상 5개년 계획이 시행되면서 외부 강사를 초빙해서 강의도 들었는데, 처음에는 외부 강사에 대해 불만이 있던 구성원들도 생각을 바꾸기 시작했습니다. 교육받는 것을 좋아했고, 시간을 더 연장해달라거나 회수를 늘려달라는 요구도 있었습니다. 이러한 긍정적인 피드백에 힘입어 3년째 꾸준하게 시행한 결과, 기술 전문 인력들이 많이 양성되었고 이전보다 설비 가동율이 평균 5~6% 이상 상승했습니다. 불량도 눈에 띄게 감소했습니다.

한 방의 홈런처럼 모든 것이 바뀌는 마법은 세상에 없습니다. 낙숫물이 바위를 뚫듯 크고 작은 노력들이 지속되어야만 변화가 일어나겠죠. 아마도 이러한 노력들은 메가젠의 중장기 목표인 2030년 매출 1조 달성에 큰 역할을 할 것입니다.

비정규직이
1명도 없는 회사

"왜 정규직과 비정규직이 따로 존재해야 할까?"

회사의 규모가 커지고 조직이 복잡해지다 보면 비정규직 직원을 채용하게 됩니다. 제조업의 경우는 특히 더 많은 비정규직 직원이 필요합니다. 메가젠도 그랬습니다. 그러던 어느날, 박광범 대표는 사내에서 조금 충격적인 대화를 듣게 되었습니다. 정규직 직원들이 비정규직 직원들에 대해 다소 차별적인 이야기를 했던 것입니다. "비정규직 직원들은 직무에 대한 책임감이 낮다", "무단이탈도 잦고, 불량도 많이 낸다"

는 등의 이야기였습니다.

박광범 대표는 어떤 사람이 업무에 대한 책임감이 조금 낮을 수는 있어도, 비정규직이라는 이유만으로 전체를 싸잡아서 그렇게 판단할 수는 없지 않은가 하는 생각이 들었다고 합니다. 그리고 같은 회사, 같은 공간에서 함께 일하는 동료에게, 마치 네 편 내 편 나누듯 이런 차별적인 태도를 보인다는 것은 조직에 뭔가 문제가 있기 때문이라고 생각했습니다.

그날부터 박광범 대표는 비정규직 직원에 대해 스스로 질문하고 답하며 고민했습니다. '왜 많은 기업이 비정규직 직원을 이렇게나 많이 활용하는 것일까? 정말 정규직과 비정규직 직원 간에 업무 역량 차이가 클까? 회사를 100% 정규직으로 운영하면, 정말 많은 불이익이 있을까?'

대다수 회사가 당연하게 생각하는 비정규직 채용을 아예 없애고, 비정규직 직원을 모두 정규직으로 전환할 수 없을까요? 그렇게 하면 정말 안 될까요? 박광범 대표는 생각하고 또 생각했습니다. 인사 부서 의견도 들어보고 이런저런 고민을 거듭한 끝에, 마음을 굳힙니다.

'회사 입장에서 비정규직을 활용해서 얻을 수 있는 이득은, 결국 일정 부분의 인건비 절감이나 근로자에 대한 책임 부담을 경감시키는 것뿐이다. 그런데 그것은 당연히 회사가 책임지고 지불해야 할 몫이 아닌가?'

제조업의 특성상, 메가젠 역시 시기에 따라 생산 물량의 편차가 큽니다. 비정규직 직원은 생산 물량이 많을 때 기간에 따라 계약하는 형태가 많은 편인데, 생산 물량이 부족한 시기에는 일이 적어지니 정규직 직원만으로도 충분합니다. 단순하게 따져도 제조 회사는 비정규직 직원을 고용하는 것이 합리적일 수 있습니다.

하지만 박광범 대표는 주변 사람들의 걱정과 만류에도 불구하고 소신을 밀어붙입니다. 평소 사람에 대한 신념, 회사가 당연히 책임져야 하는 역할에 대한 인식, 필요한 곳에 제대로 돈을 쓰겠다는 그의 생각들이, 결국 '비정규직 인원의 100% 정규직 전환'을 추진하게 만들었습니다.

어렵고 험난하더라도 마땅히 가야 할 길

정규직 전환에 대한 공표를 앞두고 비정규직 직원들과 만나서 논의를 했습니다. 그 자리에서 박 대표는 정규직으로 전환하는 대신 단순 반복 작업에서 벗어나 좀 더 복잡하고 중요한 일을 수행해달라고 요청했습니다. 그랬더니 오히려 크게 당황하는 직원들도 있었다고 합니다. 박광범 대표는 '이게 그렇게 놀랄 일인가?' 싶어 의아했답니다.

순차적으로 전환 절차를 거친 결과, 현재 메가젠은 전 직원이 정규직으로 이루어져 있습니다. 비정규직 직원은 단 1명도 없습니다. 대신 비정규직 직원들이 해왔던 단순 업무의 상당 부분을 자동화했습니다.

정규직으로 전환하는 과정에서, 비정규직 직원들은 맡은 업무에 더 열심히 몰입했다고 합니다. 그리고 정규직 전환 후에는 좀 더 많이 생각하고 고민하며 일할 수 있는 가치 있는 직무를 부여했고, 직원들 역시 추가적인 교육을 신청해 자신의 직무 능력을 높이고자 노력했습니다. 그러한 개개인의 노력들은 결국 조직 전체의 역량 향상에도 큰 도움이 되었습니다. 그렇게 메가젠에서는 정규직이냐 비정규직이냐에 따른 구성원 간의 불필요한 시기와 질투, 반목도 사라졌고, 전 직원이 좀 더 안정감 있게, 단단한 소속감을 갖고 업무에 임하고 있습니다. 당연히 회사의 생산성에도 긍정적인 결과를 가져왔습니다. 실제로 생산성은 월 평균 20% 향상되었고, 불량률은 40% 정도 감소했습니다.

이처럼 박광범 대표는 늘 그래왔듯이, 당장 눈앞에 보이는 금전적인 이익보다는 책임 있는 경영자로서 좀 더 멀리 앞을 내다보았습니다. 비록 어렵고 험난하더라도 마땅히 가야 할 길을 선택한 것입니다. 이렇게 인재에 대해 고민하고 또 고민하는 박광범 대표는 구성원들이 어떤 마음으로 일하기를 바랄까요? 박 대표에게 구성원에게 기대하는 바를 직접 물어보았습니다.

좋은 임플란트는 행복한 사람들이 만들 수 있다고 확신합니다. 모두가 행복한 인생을 살아가는 과정에서 회사와 함께할 수 있기를 기대합니다. 행복이란 상대적인 단어이므로 정량적으로 표현될 수는 없지만 적어도 우리 회사에서는 누구 한 사람도 소외되지 않고, 그가 하는 업무의 중요성을 인정받으며 자부심을 갖길 기대합니다. 이유 없이 남을 시샘하기보다 아니라 스스로를 꾸준히 계발해 자기 영역을 넓혀가고, 또 그에 상응하는 대우를 받길 바랍니다. 인생은 길지도 않지만 그렇다고 짧지도 않습니다. 가장 중요한 것은 내가 무엇을 이루었느냐가 아니라 누구와 함께 어떻게 노력했느냐임을 알려주고 싶습니다. 진심을 담아 일을 해나간다면 잘못될 리가 없습니다. 오늘의 주어진 업무를 얼마나 정성스럽게 수행하는가에 따라 나의 내일이 밝아질 수 있다는 믿음을 가져야 합니다.

모든 씨앗은 싹을 틔웁니다. 다만 그 시기가 다를 뿐이지요. 저는 메가젠 구성원들이 늘 기쁜 마음으로 하루하루 인생의 페이지를 가득 채우기를 바랍니다. '오늘 내 손을 거쳐 간 임플란트가 지구 어딘가에서 누군가에게 다시 씹는 기쁨을 준다'라고 생각하면 설레는 마음으로 즐겁게 일할 수 있지 않을까요?

생산직과 연구직의
임금 체계가 같다고?

'다운' 사람들이 '다운' 능력을 발휘하도록

흔히 조직 운영에 대해 '인사(人事)가 만사(萬事)'라는 말을 많이 합니다. 그렇게 중요한 일인 만큼 메가젠 역시 '가장 메가젠다운' 인사 전략을 가지고 있습니다. 인사 전략이란 당연히 회사의 인사 철학을 반영하기 마련이죠. 우선 박광범 대표가 가진 인사 철학을 살펴보겠습니다.

저는 오래전부터 'ㅇㅇ답다'라는 말을 좋아했습니다. 청년답다, 어른답다 할 때 그 '답다'입니다. 모든 사람이 자기의 위치에서 제 역할을 하고, 그 위치에 맞는 '다운 사람'이 된다면 그보다 이상적인 조직이 어디 있을까요? 사장은 사장답고, 임원은 임원답고, 부장은 부장답고…. 자기의 위치에서 책임과 의무를 다하며 스스로를 발전시키는 데도 게으르지 않은 사람, 그런 사람들이 모인 조직이 되길 기대합니다. 보이는 곳에서나 보이지 않는 곳에서나 마찬가지로요. 그래서 저는 메가젠의 인재상을 '다운 사람'이라는 말로 정했습니다.

아시다시피 메가젠은 여느 기업처럼 연구·생산·마케팅·영업·관리 등 전 분야를 아우르고 있습니다. 최대한 공정하고 객관적으로 평가하고자 노력하고 있습니다. 올바른 생각과 태도를 가진 '다운 사람'을 합당한 위치에 배치하고, 나이와 경력보다는 '다운'의 정성적 평가와 '성과'에 대한 정량적 평가를 합니다. 그리고 '다운 사람'들이 능력을 발휘한다면 당연히 그 위치 또는 대우 역시 합당해야 한다고 생각합니다. 지역 최고, 업계 최고 수준으로 대우하기 위해 늘 고민하고 있습니다.

직군별 직위와 임금 체계를 통일하다

메가젠은 일반적인 기업에서는 찾아보기 어려운 독특한 인사제도가 있습니다. 그중 하나가 직군별 직위와 임금 체계를 통일한 것입니다. 현재 메가젠은 구성원을 영업직, 연구직, 사무직, 생산직으로 4가지 직군으로 구분하며, 직무 유사성을 기준으로 직렬 단위까지만 관리하고 있습니다.

과거에는 다음과 같이 직위를 6단계로 구분해 직군마다 동일하게 부여했습니다. 직군별 직위나 호칭 역시 다른 기업들과 비슷했습니다.

[**일반적인 기업의 직위 체계**]

영업직·사무직 사원 – 주임 – 대리 – 과장 – 차장 – 부장

연구직 연구원 – 주임연구원 – 선임연구원 – 책임연구원 – 수석연구원

생산직 사원 – 주임 – 기사 – 기장 – 기정 – 기성

그러나 현재는 전 부서의 직위 명칭을 사원 – 주임 – 대리 – 과장 – 차장 – 부장으로 통일해 부르고 있습니다. 과거에

직군별로 직위 명칭이 상이하다 보니, 서로 업무와 직위에 대한 이해가 부족해지고, 직군에 따라 차별적인 대우를 한다거나 불필요한 이질감이 생겨났습니다. 이러한 단점을 없애기 위해 직위 명칭을 통일하게 된 것입니다. 하지만 근본적인 취지는 '직군과 관계없이 모든 구성원이 해당 직위에 맞게 동일한 역할과 책임을 다하고, 회사는 그에 맞는 동일한 대우를 하겠다'는 것입니다.

또 직군에 따라 직위별 역할과 책임에 차이는 있으나 각자의 일의 중요성을 존중하고 동일하게 대우하겠다는 의미입니다. 그 안에는 직군별 차별적 대우에 대한 인식을 해소하겠다는 의미도 포함되어 있습니다.

'직위 명칭이야 통일할 수 있겠지만, 생산직과 연구직이 동일한 임금을 받는다고?' 혹시 속으로 놀라지 않으셨나요? 저도 처음에는 "세상에 이런 조직이 있다고?" 하며 깜짝 놀랐습니다. 생산직, 연구직, 일반 사무직의 직위 호칭을 통일한 이유, 특히 생산직과 사무직의 직위와 임금 체계를 동일하게 만든 이유에 대해 박광범 대표에게 물었습니다.

가장 큰 이유는 제가 헷갈리기 때문이었습니다. 생산에서 기장, 기정, 기성 등의 직위를, 연구소에서는 선임, 책임, 수석연구원으로, 일반 사무직은 과장, 차장, 부장이라고 불렀습니다. 한동안은 그런 직군별 직위 구분이 나름대로 의미가 있었고, 각자의 업무에 고유성과 특별함을 부여한다고 생각해 시행했습니다. 하지만 시간이 갈수록 제 기준으로는 별 의미가 없어졌습니다. 오히려 생산직 구성원에 대해 다소 평가절하하는 듯한 분위기도 감지되었고요.

수십 년 전 과거에는 '단순하고 반복적인 작업만 하는' 구성원이 생산직이었지만, 지금은 많이 달라졌습니다. 생산직 사원들도 좀 더 난이도 높은 업무를 수행하게 되었죠. 그러한 경험이 쌓이고 능력치가 높아지면, 거기에 맞게 즉시 직위를 올리고 보상도 했습니다. 당연히 기술 직원들의 사기가 올라갔습니다. 제조를 기반으로 하는 회사라면 이런 조치는 아주 당연하고 기본적인 일이라고 생각합니다. 100% 균일하고 불량품이 제로인 제조 기반이 구축되어야 모든 직원이 자부심으로 어깨를 펴지 않겠습니까?

"얼른 실력을 키워 패스트 트랙으로 달리세요"

보통 회사는 직위별 승진 연한이 있습니다. 시간이 흐르면 자동으로 승진하는 구조로, 일반적으로 사원으로 입사해 임원이 되기까지 최장 20년 정도가 소요됩니다. 이런 연한은 단계별로 숙련의 기간을 충분히 제공한다는 장점도 있지만, 스스로 발전하려는 의욕이 충만한 인재에게는 물리적인 시간 제약이 될 수밖에 없습니다.

메가젠 역시 과거에는 20년 남짓의 직위별 승진 연한을 정해두었습니다. 하지만 승진을 위한 표준 체류 연한을 파격적으로 축소해 최소 10년, 최대 17년으로 바꾸었습니다.

[직위별 최소 체류 연한]

사원(1년) – 주임(2년) – 대리(2년) – 과장(4년) – 차장(4년) – 부장(최소 체류 연한 없음)

최소 연한으로 운영하되 직위별로 승진 자격 기준을 미리 제시함으로써, 자격과 역량을 인정받고 충분히 숙련된 사람은 누구나 빨리 승진할 수 있습니다. 이는 직군마다 실무를 잘 아는 관리자를 양성하고, 구성원들의 실력을 전문가 수준으로 끌어올리기 위해 마련한 체계입니다. 메가젠은 구성원에게 "얼른 실력을 키워 패스트 트랙으로 달리세요"라고 독려하는 회사입니다.

연차보다 열정을
보상하는 시스템

연차가 높으면 연봉도 높은 게 당연?

평가와 보상은 인재 경영의 핵심입니다. 투명하고 공정한 평가와 그에 상응하는 보상은 요즘 젊은 세대 구성원들이 특히 중시하는 문제입니다. 앞서 언급했듯이, 메가젠은 직위별로 동일한 임금 체계를 가지고 있습니다. 이게 정확히 무슨 뜻이고 왜 이런 제도를 시행하게 된 것일까요?

메가젠 역시 과거에는 연봉을 기준으로 하는 '연간 지급제'와 시간당 수당을 기준으로 하는 '시급제'의 2가지 급여 체계를 운영해왔습니다. 그리고 승진은 1년에 1회, 승진 누락이 계속되는 사람은 일정 시점에 점진적으로 탈락시켰습니다. 그러나 이런 방식으로는 개인의 성장을 독려하고 발전시키는 정책으로 미흡한 부분이 있었습니다. 그래서 박광범 대표는 다시 고민에 빠집니다.

'왜 굳이 연봉제와 시급제로 구분해서 운영해야 하지? 같은 직위여도 연차가 높으면 '당연히' 연봉을 높여줘야 하나? 구성원들이 스스로 성장하고 발전하려는 노력을 독려할 더 좋은 방법은 없을까?'

오랜 고민 끝에 메가젠은 시간당 수당을 기준으로 하는 시급제를 폐지했습니다. 전 구성원에게 직위별 단일 임금 체계를 적용하고, 직위에 따라 동등한 역할과 책임을 부여했습니다. 메가젠만의 '직위별 동일 임금 체계'를 설계한 것입니다.

이제 메가젠은 시간이 흐르면 자연스레 연봉이 인상되지 않습니다. 구성원 각자가 능력을 갖추고 역량을 발휘해서 더 높은 성과를 창출해야만 높은 연봉을 받을 수 있습니다. 즉, 구성원들에게 시간의 흐름이 아닌 성과와 역량에 따른 대우를 하게 된 것입니다. 이것은 구성원이 일정 직위에 만족하지 않고 스스로를 성장시키고 개발하도록, 그래서 역량을 높

이고 성과를 창출하도록 하는 제도적 장치인 셈입니다. 직위
별 단일 임금제를 구상한 이유와 기대한 것이 무엇이었는지
를 박광범 대표에게 물었습니다.

제가 가장 싫어하는 것 중 하나가 똑같은 직무를 수행하면
서 근무 연한이 길다고 급여를 더 많이 받는 것입니다. 물
론 나이가 들고 가족이 생기면 지출이 증가하니까 더 높은
연봉이 필요하기는 하겠지만, 그런 이유라면 개인적으로
능력을 더 키우고 과거보다 더 높은 수행력을 보여야 하지
않을까요?

중간 간부 중 적지 않은 사람들이 시간이 가면 저절로 상
승하는 연봉에 만족하면서 '젖은 낙엽' 정신을 즐기는 듯했
습니다. 이들은 더 많은 책임이 요구되지만 연봉은 현재와
그다지 차이가 없는 상위 직급으로의 이동을 꺼립니다. 저
는 이런 모습이 일종의 '태만'이라고 생각합니다. 그래서
이를 바로잡고자, '능력에 의한 승진만이 더 큰 보상을 받
을 수 있는 기회'라는 것을 조직 전체에 인식시키고, 직위
별 단일 임금제를 도입했습니다.

물론 매년 물가 상승률을 상회하는 기본 임금 인상이 있

고, 성과에 따른 약간의 격려금 등도 있지만, 이 모든 것을 종합하여 만들어지는 상승분이 승진에 의한 인상보다 클 수는 없습니다. 이는 성장해 나가는 회사에서 인재의 육성과 발굴, 기회의 부여라는 측면에서도 단점보다 장점이 더 많은 제도입니다.

물론 새로운 임금 체계로의 전환이 쉬운 일은 아니었습니다. 소위 핵심인재들은 자신들이 성과도 더 많이 내고 역량도 우수하다고 생각하는데, 일반 인재들과 임금이 같다면 '내가 더 열심히 할 필요가 있나' 할 수 있습니다. 물론 발탁 승진이라는 제도가 활성화되어 있긴 하지만 그것은 또 다른 문제라고 생각합니다. 해당 직위에 승진한 지 2~3년 된 직원과 새로 승진한 직원이 같은 연봉을 받으니까, 연차가 높은 직원들은 자신들의 기여에 대한 보상을 상대적으로 못 받고 있다고 생각합니다.

박광범 대표는 하나 더 강조하는 내용이 있습니다. 메가젠 식구라면 모두 이러한 회사의 방향성과 회사가 추구하는 가치를 잘 이해하는 것이 매우 중요하다는 것입니다. '거짓을 행하거나, 발전에 대한 열정이 없는 사람, 조직의 융화를 해치거나 사적 이익을 위해 회사에 손해를 끼치는 사람과는 함께 가기 어렵다'고 다시 한번 강조했습니다. 나이나 연차보다는 바른 생각과 남다른 열정을 중시하고, 그게 맞게 보상하는 시스템이 있다면, 회사도 구성원도 더욱 발전하지 않을까요?

충원 전에 업무 리뷰와 프로세스 개선이 먼저

메가젠의 인사 시스템에는 또 한 가지 독특한 절차가 있습니다. 바로 충원에 대한 절차입니다. 부서 내 충원이 필요할 경우, 부서원들은 현재의 업무 프로세스에 대해 리뷰하고 개선하는 단계를 거쳐야 합니다. 부서나 팀이 어떤 미션을 부여받았는지, 어떤 목표를 향해 기획하고 업무를 수행하는지, 그리고 그 수행방식이나 절차는 어떠한지에 대해 재검토해 보고하는 것입니다. 담당자들의 리뷰를 통해 현재의 방식이 최선인지, 그리고 개선할 사항이 있다면 그 부분까지 반영하여 인력 계획을 보완합니다. 거기다 새로운 구성원의 포지션과 세부 업무 계획, 교육 일정까지 수립한 후에 충원합니다.

이렇게 충원하기 전에 꼼꼼하게 챙기는 이유가 뭘까요? 이러한 리뷰와 개선을 하다 보면 아무리 방대한 조직이라도 구성원 각자의 역할과 성과 창출에 대해 지속적으로 검토할 수 있습니다. 사각지대 없이 세부적인 업무까지 자세히 리뷰함으로써 인당 생산성이 높아지고, 개개인이 더욱 목표에 집중해 업무를 추진할 수 있습니다. 또 해당 직무를 정확하게 분석해 적임자를 충원하는 데도 큰 도움이 되죠.

팬데믹에 오히려
더 성장한 역주행 비결

"앞으로도 계속 매출이 0원이면 얼마나 더 버틸 수 있죠?"

2020년 3월, 전대미문의 팬데믹으로 전 세계가 갑자기 멈춰 버렸습니다. 기업도, 개인도 무척 혼란스러운 시간을 보냈죠. 메가젠도 예외가 아니었습니다. 모두가 집 안에서만 머무르려고 했고, 병원 특히 입을 벌려 진료를 받는 치과는 가장 꺼려지는 곳이 되었죠. 게다가 메가젠은 내수보다는 수출 중심의 기업이었기 때문에 더욱 큰 타격을 입었습니다. 주요 수출국인 미국과 유럽에서 갑자기 수입을 제한했고, 검역을 강화하는 등 예상치 못한 불가항력적인 문제들이 계속 터졌습니다. 그렇게 순식간에 확 쪼그라들어 겨우겨우 이어가던 매출은, 2020년 4월에 반토막을 기록합니다.

당시 동종 업계의 많은 회사들은 이 전례 없는 경영난을 타개하기 위해 너도나도 인원 감축에 돌입했습니다. 박광범 대표는 CFO에게 물었습니다.

"만약 앞으로 계속 매출이 0원이면 우리 회사는 얼마나 버틸 수 있죠?"

CFO는 "연말까지, 그러니까 8개월 정도입니다"라고 답했습니다.

박광범 대표는 그 대답을 듣고 고민에 빠졌습니다. 인원을 줄여야 하는가를 말이죠. 그리고 평소처럼 의사결정할 때 주로 떠올리는 4가지 질문을 스스로에게 던져보았습니다.

1. 이 일은 내가 좋아하는 일인가?
2. 회사에 도움이 되는 일인가?
3. 동료들이 응원하고 동조해줄 수 있는 일인가?
4. 이 일을 누구에게 위임할 수 있는가? 적임자가 누구인가?

우선 4번의 답은 쉬웠습니다. '이 일은 다른 누군가에게 미룰 수 없는 일이다. 대표인 나만 할 수 있는 결정이다.' 2번은 미리 예측할 수 없었습니다. 코로나19가 언제 끝날지, 매출 반토막의 상황이 대체 얼마나 더 오래갈지 아무도 모르는 일이었기 때문입니다.

그러면 1번과 3번의 답은 무엇일까요? 박광범 대표는 스스로에게 물었습니다. '회사가 어렵다고 당장 인원을 줄이는 일은 과연 나다운 일인가? 내가 좋아하는 일인가? 동료들이 응원해줄 수 있는 일인가?' 아무리 생각해도 답은 '아니오'였습니다.

그래서 박 대표는 일단 버틸 수 있는 한 조금만 더 버텨보기로 합니다. 언제까지 계속될지 모르는 이 불확실성을 견뎌보자, 당장 어떤 조치를 하고 싶은 조급함도 잠시 내려놓자고 생각했습니다. 그러면서 이왕 이렇게 된 것 그동안 메가젠이 성장 가도를 달리느라 소홀히 했던 부분을 보강하고, 효율을 더 높일 수 있는 것들을 찾아 연구해보기로 마음을 먹습니다. 또 부득이하게 오프라인 영업이 불가능하진 상황이니 온라인 영업 채널을 강화하고, 글로벌 직판망을 구축하는 데도 노력을 기울였습니다.

그렇게 이것저것 새로운 시도를 해보면서 가만히 추이를 지켜보았죠. 사실 당시 직원들은 거의 두어 달 정도는 (연구개발을 안 한 것은 아니지만) 아예 노는(?) 날도 종종 있었다고 합니다. 그러니 겉으로 표현은 못 해도 박광범 대표는 속으로 아주 바짝바짝 타들어 갔을 것입니다.

그렇게 감원 1명 없이 버티는 동안, 이런 메가젠의 모습에 신뢰를 느꼈는지 경쟁사에서 불안에 떨던 일부 인재들이 찾아오기 시작했습니다. 그렇게 알짜 인력을 충원하기도 했습니다. 그리고 3개월여의 시간이 지나자 마침내 고통의 '매출 0원'이 끝났습니다. 국내뿐만 아니라 해외에서도 발주가 다시 쏟아지기 시작한 것입니다.

코로나19 이전 300명에 불과하던 임직원 수는 23년 3월 기준으로 700명 가까이 늘어났습니다. 매출도 2020년 1,050억 원에서 2021년 1,650억 원, 2022년 2,450억 원으로 가파르게 성장했습니다. 2023년에는 4,000억 원에 가까울 것으로 전망하고 있습니다. 모두가 두려움에 떨며 손 놓고 있던 팬데믹 시기에 메가젠은 해마다 전년 대비 50% 이상씩 폭풍 성장을 이룬 것입니다. 남들이 다 마이너스 성장을 기록했던 시기에 말입니다.

그때의 선택에 대해 박광범 대표는 이렇게 말합니다. "만약에 코로나19 발생 초기에 회사를 살리기 위해 직원들을 내보냈다면, 이후에 갑자기 쏟아진 주문량을 소화하지 못했을 뿐만 아니라 소중한 인재들까지 모두 잃었을 것입니다. 사람에 대한 투자와 믿음이 결국 회사 성장으로 이어졌습니다."

회사가 불안정할 때 가장 먼저 떠나는 직원은?

경영자는 종종 모든 것을 숫자로 봅니다. 무엇보다 숫자가 가장 명확하기 때문이죠. 그래서 평소에는 "사람이 중요하다, 인재 육성에 투자를 아끼지 않겠다"고 하다가도 회사 사정이 어려워지면 당장 사람부터 줄입니다. 급여나 상여 같은 인건비를 줄이고, 교육훈련비도 대폭 줄입니다. 겉으로는 '사람이 중요하다'고 해도 속으로는 '사람에 대한 교육과 투자도 회사에 여유가 있어야 하지'라고 생각하기 때문입니다. 이렇게 위기 상황이 되면 속으로 품고 있던 생각이 저절로 수면 위로 떠오르는 것이죠.

세상에 그 어떤 제품도 개발, 생산, 영업, 판매의 과정을 거쳐 회사의 수익이 되기까지는 적지 않은 시간이 걸립니다. 하물며 제품도 그런데 인재를 소모품처럼 쉽게 갈아치우는 회사가 과연 온전히 발전하고 성장할 수 있을까요? 박광범 대표는 평소에도 메가젠 구성원을 함께 가야 할 식구, 동업자로 생각합니다. 그래서 코로나 팬데믹이라는 전례 없던 위기를 맞았을 때도 그와 같은 결단을 할 수 있었습니다.

'사람 존중 경영'이 말처럼 쉬운 것이라면 누구나 하겠지요. 그러나 사실 결코 쉬운 길이 아닐 것입니다. 그리고 메가젠 역시 앞으로도 그와 같은 선택을 할지는 모르겠습니다. 창립 이후 겪었던 것처럼 또 어떤 예기치 못한 위기의 순간이 올 수도 있고, 또 예측이 늘 100% 명중할 수는 없으니까요. 하지만 그 어떤 상황에서도 메가젠은 이 '사람 존중 경영'을 바탕으로 최선의 해결책을 만들 것 같습니다. 구성원들 역시 '우리 회사는 분명 인간 중심이라는 신념에 최선을 다할 것이다'라고 믿고 있으니까요.

경영자들이 착각하는 것이 있습니다. 회사가 어려워지거나 불안감이 조성되었을 때 가장 먼저 떠나는 사람이 누구일까요? 평소 제발 떠나줬으면 하는 C급, D급 플레이어가 아닙니다. 그 조직에서 가장 뛰어난 역량을 가진 S급 인재입니다. 메가젠을 지켜보면서 위기 상황에서도 회사가 장기적 관점으로 인재를 육성하고 관리했을 때 얻는 유익을 생각보다 아주 많다는 것을 깨달았습니다. 그중 몇 가지만 짧게 정리하자면 다음과 같습니다.

첫째, 높은 역량과 경험을 가진 구성원들을 유지할 수 있고, 업무 효율성과 성과에 긍정적인 영향을 줍니다. 둘째, 리더 역할을 맡은 구성원의 유출이나 변동이 적어야만 조직 전체가 안정적으로 돌아갑니다. 셋째, 위기 상황에서도 회사가 인재에 투자한다면 직원들은 더욱 안정성을 느끼고, 생산성과 직무 만족도가 높아집니다. 그런 분위기는 결국 조직 창의성까지 높여줍니다. 넷째, 상황이 어려워도 사람을 먼저 챙긴다는 인식은 대내외적 평판에 긍정적인 영향을 줍니다. 다섯째, 새로운 비즈니스 아이디어나 기회를 추진할 수 있는 인력이 유지됨으로써 전략을 안정적으로 추진할 수 있고, 그러한 노력을 통해 오히려 위기 때 경쟁자들을 따돌리고 앞으로 치고 나갈 수 있습니다. 여섯째, 위기를 극복하고 사업이 호전되었을 때 새로운 인력을 찾는 막대한 시간과 비용을 줄일 수 있습니다.

100억 원 통 큰 기부도
결국은 사람을 키우려는 마음

메가젠은 2022년 6월 서울대학교 치의학대학원 개학 '100주년 기념기금'으로 무려 100억 원을 쾌척하게 됩니다. 서울대와 박광범 대표가 직접 나눈 대화를 통해 솔직한 소회와 계기, 기대사항을 알 수 있습니다.

Q. 서울대학교 치의학대학원에 100억을 기부하시게 되기까지의 박광범 대표님의 소회가 궁금합니다.

박광범 솔직히 이야기하면 사실 제가 먼저 제안한 것은 아닙니다. 치의학대학원 학장님, 교수님들과 커뮤니케이션을 하는 과정에서 서울대학교 치의학대학원 개학 100주년 기념사업과 기부가 필요하다는 이야기를 전해 듣게 되었고요. 회사의 규모에 비하면 적지 않은 금액의 기부라서 망설였고 많이 고민한 게 사실입니다. 하지만 막상 기부를 하고 나니 참 잘한 일인 것 같습니다.

Q. 서울대 치대 100주년에 100억 기부를 결심하셨습니다. 그 계기와 이유가 있으신지요?

박광범 언젠가 기부를 할 계획이 있기는 했습니다만 그 시기가 예상보다 많이 많이 당겨졌습니다. 사실 기부라는 것은 필요한 시기에 적절히 이뤄져야 의미가 있다고 생각합니다. 그래서 사실은 저희의 계획보다 서울대 치의학대학원에 필요한 시기와 방법이 더 먼저 고려한 결정을 내리게 된 것입니다.

사실 메가젠이라는 회사 자체가 치과 의사들에 의해서 만들어진 기업이거든요. 메가젠은 초기에 72명의 치과 의사가 모여서 만든 기업이고, 좋은 제품을 만들어 사회에 기여하자는 취지로 설립되었습니다. 그래서 창립 후 20년 동안 수입의 상당 부분을 사회에 기여하고 나눔을 실천하는 데 쓰고자 노력해왔고요. 그럼에도 100억 기부는 쉽지 않은 결정인데 공동창업자인 현 광주 상무미르치과 류경호 원장님이 "올바른 길은 아무리 어려워도 같이 가야 한다"는 메시지를 보내주셨습니다. 류 원장님의 응원과 독려가 결심을 굳히는 데 큰 힘이 됐습니다. 실행은 일단 하고 나면 더 큰 에너지와 동력이 되는 경우가 많았습니다. 기부

또한 마찬가지여서 기부하고 나니 더 열심히 일해야 하는 목적과 필요가 더욱 강하게 생겼습니다.

Q. 기부를 통해 서울대학교 치의학대학원에 앞으로 바라시는 바가 있다면 무엇인가요?

박광범 서울대 치의학대학원은 자타가 공인하는 대한민국 최고의, 대표적인 치과대학으로 오랜 시간 우수한 치과 인재를 양성해왔고, 치의학 발전과 성장에 디딤돌 역할을 하면서 학문적으로나 교육적으로나 큰 역할을 해왔습니다. 하지만 한편으로는 서울대학교 치의학 대학원이 현재 이 시점에서 올바른 방향으로 치과계를 이끌고 있는가, 그 중추적 역할을 잘하고 있느냐 하는 부분에 대해서는 아쉬운 점이 있습니다.

조금 더 자세히 말하자면, 연구적인 측면에서도 좋은 성과를 거두고 있고 교육적인 면에서도 우수하지만 개원의와 치과 업계가 바라는 코워킹(coworking)에서는 아직 조금 미흡한 것 같습니다. 그래서 개학 100주년 기부를 통해, 더욱 큰 대학으로 거듭나길 바라는 마음이 더욱 간절합니다. 바라건대 한국뿐만 아니라 세계를 아우르는 치과 인재 양성소의 모범적인 모델이 되고, 대한민국 치과계 개원의(치의학대학원 졸업자 95%가 개원하는 것이 대한민국의 현실이다)들이 공감하는 교육기관, 연구기관의 역할도 잘 수행해주었으면 좋겠습니다. 좋은 리더로서 리딩의 역할뿐 아니라 '함께 간다'는 의미도 잊지 않았으면 하는 바람이랄까요. 쉽게 말해 "민초를 굽어살피소서"라고 할 수 있겠죠.

서울대학교 치의학대학원, 치과대학 자체가 하나의 기관으로 치과계의 높은 어른 역할을 해줬으면 좋겠다는 생각입니다. 또한 '인간성 교육, 도덕성 교육'도 함께 이뤄지면 좋겠습니다. 사회적 문제에 대해 같이 고민하는, 깊은 울림과 철학을 전달해주는 선생님 역할, 어른 역할을 해줬으면 한다는 이야기입니다.

하나둘로 대표되는 소수의 히어로도 필요하지만, 그들이 세상의 전부를 대변하는 것은 아닙니다. 중도층이 잘되고 더불어 잘사는 세상이 되는 데에도 대한민국 대표 치과대학인 서울대학교 치의학대학원이 관심을 가지고 좋은 해법을 고민하고 함께 나눠주셨으면 좋겠습니다.

PART 4

남들이 가지 않는 길, 어려워도 제대로 된 길

시행착오를 즐기며
더 나은 방법을 찾기

마케팅 용어인 'STP 전략'을 들어보셨을 것입니다. 어느 회사든 마케팅을 할 때 한정된 시간과 예산을 효율적으로 쓰기 위해 STP 전략을 세웁니다. STP는 세분화(Segmentation), 타깃팅(Targeting), 포지셔닝(Positioning)의 약자로, 시장을 세분화하고 자사의 경쟁우위를 바탕으로 타깃을 정한 후 각 시장에 차별화된 포지셔닝 전략을 세우는 일련의 과정을 말합니다.

비슷한 시기에 시작한 많은 동종 기업이 국내 시장을 먼저 공략하는 방법으로 다소 쉽게 시장 점유율을 높여나갈 때, 메가젠은 그들과 다른 타깃과 포지션을 선택했습니다. 박광범 대표의 방식대로 '어려운 길이지만 제대로 된 길', 즉 정면 돌파를 선택한 것입니다. 바로 임플란트의 종주국 유럽을 먼저 공략하는 전략입니다. '유럽에서 인정을 받는다면 메가젠은 성공할 수밖에 없다'라는 생각으로 과감히 임플란트 종주국에 도전장을 내민 것이죠.

메가젠은 쉬운 길을 거부했습니다. 미국과 유럽의 메이저 임플란트 제품의 복제품을 만들려는 생각보다는 한국인에게 잘 맞는 임플란트를 개발하는 데 집중합니다. 치과 의사의 편의성도 중요하겠지만 그보다 먼저 환자에게 초점을 맞췄습니다. 그리고 원가를 낮추기보다는 품질을 최고로 높이기 위해 노력했습니다. 세상에 없는 최고의 제품을 만드는 것, 그게 바로 '어렵지만 제대로 된 길' 아닐까요?

또 박광범 대표는 스스로를 포지셔닝하는 전략도 남달랐습니다. 단순히 높은 이익만을 추구하는 장사꾼이 되기보다 자신의 미션과 비전을 전파하고 사람들과 함께 이루어가고자 했습니다. '전 세계 많은 사람에게 씹는 행복과 건강한 웃음을 되찾아 주겠다'는 비전을 이루기 위해 그 어느 기업보다 투명하게 경영하고, 구성원을 누구보다 아끼는 '훌륭한 사업가'로 자신의 포지션을 정했습니다. 또 개인적으로 늘 보람과 행복을 느끼는 본업인 '훌륭하고 진정성 있는 치과 의료인'으로서의 역할도 놓지 않았습니다. 이제 그는 전 세계 많은 치과 의료인의 스승 역할까지 하게 되었습니다. 남들이 가는 쉬운 길이 아닌 어려운 길이지만 마땅히 가야 할 길을 택하는 포지셔닝 전략은 박광범 대표와 메가젠임플란트만의 차별화된 특징이 아닐 수 없습니다.

계란이 바위를
이기는 방법

처음부터 가장 어려운 시장에 도전한 이유

초창기에 메가젠임플란트는 여러 치과 의사들과 함께 개발
하긴 했지만, 작은 회사로서 모든 시장을 똑같이 공략하기는
상당히 어려웠습니다. 박광범 대표는 그때 '어디에 가장 힘
을 쏟아야 할까'를 고민했다고 합니다. 오랜 고민 끝에 '임플
란트 비즈니스를 제대로 하려면 글로벌 1차 그룹(global tier 1
group)과 경쟁해서 살아남아야 한다'는 다소 무모한(?) 결론을
내렸습니다. 유럽과 미국에서 소기의 성과를 이루면 그 후에

는 중국, 러시아, CIS(Commonwealth of Independent States, 독립국
가연합, 1991년 소련 해체로 독립국가가 된 구 소련 공화국들의 연합체, 현
재 9개국이 정회원국이다) 등의 국가들 역시 자연스럽게 시장이
열릴 것이라고 생각했습니다. '반드시 종주국에서 먼저 인정
받아야겠다'는 생각으로 처음부터 회사의 거의 모든 역량을
유럽, 미국 쪽으로 집중했습니다.

그러한 전략이 성공했느냐고 물으니 박광범 대표는 '반은
맞았고, 반은 생각과 달랐다'고 합니다. 2006년 처음 수출에
나섰을 때는 '한국에서도 임플란트를 만드냐' 하는 반응을 들
을 정도로 분위기가 냉랭했습니다. 그래서 영업으로 접근하
기보다 여러 학회에 참여해 네트워크를 넓히고 지속적으로
강의, 세미나 등의 행사를 열어 전문가들과 공감대를 형성하
는 작업에 주력했습니다. 팬데믹 이전에 박광범 대표는 1년
에 120회 이상 비행기를 탈 정도였다고 합니다.

어쩌면 가장 뚫기 어려운 시장을 열어나가느라 시간과 노
력이 훨씬 더 많이 들었지만, 그렇게 부단히 노력한 결과로
유럽과 미국에서 퀄리티를 인정받게 되었습니다. 성과도 서
서히 나타나기 시작했죠. 메가젠은 전체 매출액 중 수출이
70% 이상인데, 현재는 국내 임플란트 기업 중 유럽 시장 점

유율이 가장 높고, 9년 연속 유럽 수출 1위를 지키고 있습니다. 덕분에 2022년 '1억불 수출의 탑'도 수상했습니다.

임플란트의 종주국인 유럽과 미국에서 기술력을 인정받았다는 것은 전 세계로 뻗어 나갈 기반을 탄탄히 다져놓았다는 뜻입니다. 처음부터 종주국을 겨냥한 전략은 어쩌면 남들이 비웃을 수도 있는 일이고 실제로 그것을 실행하는 일은 정말 힘들고 지난했지만, 결국 제대로 된 길이었습니다.

그러다 보니 다소 늦게 진입한 중국 시장 매출도 유럽, 미국에서 인정받은 퀄리티를 바탕으로 가파르게 성장하고 있습니다. 2022년에 비해 무려 500%나 성장했습니다. 예상대로 러시아에서도 꾸준히 성장을 이어가고 있으며, 다음 타깃은 중남미라고 합니다. 인구가 많고 아직 개발이 덜 된 나라, 저임금 국가들로 지속적으로 시장을 확대해 나가고 있습니다.

물론 한국 내의 일반 고객들 사이에 인지도가 그리 높지 않다는 아쉬움은 있습니다. 국내 기업 중 임플란트 종주국인 유럽 시장 점유율이 1위임에도 불구하고 말이죠. 이제는 메가젠도 한국을 글로벌 영업 시장 중 하나로 보고, 타깃팅과 포지셔닝에 더욱 박차를 가하겠다고 합니다. 착한 기업에 높은 제품 기술력까지 겸비한 만큼 그리 어렵지 않을 것이라 기대합니다.

팔로워보다 크리에이터의 길을 가다

메가젠에 관한 기사를 검색해보면 '최초', '유일'이라는 수식어가 유난히 많이 보입니다. 박광범 대표가 강조하는 것 중 하나가 '우리는 따라가지 않고 창조하고 선도한다'여서 그럴까요? 당연히 남이 갔던 길을 따라가는 것은 쉽습니다. 겨울에 함박눈이 내린 길을 걸어갈 때도 누군가 앞서간 사람이 있으면 그 발자국을 따라 한결 편하고 안전하게 갈 수 있습니다. 그런데 왜 메가젠은 창조하고 선도하는 고통과 괴로움에 스스로 뛰어드는 걸까요?

앞서 말했지만, 박광범 대표의 철학이 '쉬운 길이 아니라 제대로 된 길'이기 때문입니다. 막연히 짐작되는 창조의 고통 말고 또 어떤 어려움이 있었느냐고 물으니 박광범 대표는 '시간'이라고 답했습니다.

무엇이든 새로운 것이 시장에 나오면, 그것이 시장에서 수용되는 데까지 절대적인 시간이 필요합니다. 임플란트 역시 새로운 시스템이 안착하고 적응하는 데 평균 5년 정도가 걸리는데, 이에 앞서 필요한 인허가는 갈수록 더 어렵고 복잡해지고 있습니다. 현재는 개발에 성공해도 인허가에만 3년이 소요되는 상황이죠. 즉, 인허가를 받은 후 시장에서의 숙성기 5년이 다시 더해지니 새로운 아이템을 만들어도 회사의 베네핏(benefit)으로 돌아오는 데는 결국 7~8년이라는 긴 시간이 걸리는 셈입니다. 그래서 메가젠은 그런 장기전에 대비할 수 있도록 매년 새로운 씨앗을 뿌리고 더 열심히 농사를 짓고 있습니다. 다른 기업에 비해 연구, 개발에 높은 수준으로 투자하는 이유이기도 합니다.

개발에 성공해도 매출이 일어나기까지 7~8년을 기다려야 하니 웬만한 자본 없이는 버티기 힘들 것입니다. 많은 준비가 필요하겠죠. 그렇다면 초창기에 메가젠은 어떻게 버틸 수 있었을까요?

메가젠은 2002년 창업 후 2004년 가을에 큰 위기를 맞습니다. 여러 가지 예측이 빗나가면서 거의 파산 직전까지 갔던 것입니다. 자금이 말라가고 시급히 제품 인허가를 받아야 하는 상황이었는데, 완전히 새로운 제품으로는 사실상 불가능했습니다. 그래서 인허가 과정을 단축하기 위해 부득이 당시 전 세계적으로 가장 보편적으로 쓰이던 미국과 유럽의 메이저 임플란트 회사 제품의 복제품을 만들었습니다. 그렇게 메가젠은 처음으로 엑스필(ExFeel) 임플란트 시스템을 출시했습니다.

물론 그 위기를 넘긴 후에는 한국인에게 잘 맞는 임플란트 시스템을 독자적으로 개발했습니다. 빠르게 보철물을 제작할 수 있고, 어떤 골질에서도 우수한 성능을 발휘하는, 안전하고 튼튼한 제품을 개발해 출시했고 덕분에 메가젠은 몇 년간 빠르게 성장했습니다.

그런데 또 한 번의 위기가 찾아옵니다. 한창 성장 가도를 달리던 2007년, 또 한 번 도약의 모멘텀을 갖고자 새로운 대표이사를 선임하고 상장을 시도했습니다. 그러나 그 과정에서 재정상 큰 위기를 겪었고, 그렇게 한번 성장세가 꺾이자 회사는 좀처럼 기력을 회복하지 못했습니다. 2007년에 돌파한 200억 원대의 매출은 2010년까지도 답보했고, 2011년과 2012년에는 오히려 매출이 줄어드는 등 5년간 혹독한 암흑기를 보내야만 했습니다.

그 힘든 시간을 어떻게 견디고 돌파했는지 물으니 박광범 대표는 이렇게 대답했습니다.

힘든 시간이었지만, 다행히 제게 한 번의 기회가 더 남아 있었습니다. 신임 대표이사가 지휘하던 2007년 초부터 2009년 말까지, 저는 대표이사직을 내려놓고 연구소에서 연구원들과 함께 일하며 '생각의 시간'을 보냈습니다. 바로 그 시간이 메가젠을 다시 한번 위기에서 벗어나게 하는 계기가 되었습니다. 두 번째 기사회생이랄까요?

당시 저와 저희 연구원들은 기존에 개발하고 출시했던 여러 임플란트 시스템을 다시 리뷰해보았습니다. 그러다 보니 8가지 임플란트 시스템은 각각 특별한 용도와 목적을 가졌으나, 너무 복잡해서 부담스러웠습니다.

2008년 여름 운문사 계곡에서 연구원들과 물가에 앉아 함께 이런 이야기를 나누게 됩니다.

"복잡한 임플란트 시스템을 하나로 통합할 수는 없을까요?

각양각색의 임플란트가 아니라, 골량이나 골질에 상관없이 어떤 환경에서도 우수한 초기 고정력을 확보할 수 있도록 디자인을 바꾸어봅시다. 그렇게 되면 궁극적으로 수술 즉시 보철이 가능한 원데이 임플란트도 가능해질 것입니다!"

그렇게 저희 연구원들은 환자의 편의성을 높이고, 어떤 상황이든 가장 알맞은 치료를 제공할 수 있는 임플란트를 개발하기로 마음을 먹었습니다. 이제까지 개발했던 방식과는 다른, 역발상적인 치료법으로 접근하자고 했죠.

두 번째 기사회생 후 고속성장

그러한 계곡 결의(?) 이후 메가젠은 진정한 크리에이터의 길을 걷게 됩니다. 박광범 대표는 치의학계 선배들의 연구 결과를 바탕으로 이 새로운 임플란트의 구석구석을 이루는 요소를 디자인하기 시작했습니다. 이 아이디어를 구현할 수만 있다면, 환자와 치과 의사 모두에게 큰 도움이 될 것이라고 강하게 확신했기에 박광범 대표는 강력하게 밀어붙였습니다.

그렇게 탄생한 것이 바로 '애니릿지 임플란트 시스템'입니다. 애니릿지는 개발완료 후 1년 만에, 즉 2009년 말에 한국에서 인허가를 받았고, 이 시스템의 특장점을 부각시킬 수 있는 임상 케이스를 찾고 하나하나 적용시켜 나갔습니다. 그렇게 수백 케이스가 넘는 임상 결과도 확보하게 되었습니다.

이후 메가젠은 유럽의 주요 국가들을 대상으로 수차례의 로드쇼를 열고 수십 번이 넘는 강의를 진행했습니다. 이미 수백 케이스의 성공적인 임상 결과가 있었고, 애니릿지의 혁신성은 치과 치료계에 엄청난 변화를 가져올 것이라고 확신했기 때문입니다. 그렇게 유럽에서 애니릿지 제품이 서서히 알려지자 수많은 치과 의사들이 연락을 해왔습니다. "메가젠은 항상 이상한 임플란트들만 만들어내고 있는 것 같다"라는 이야기를 하며, 유럽의 치과 의사들은 "당신의 논리가 말이 되는 것 같다. 나도 한번 시도해보겠다!"라고 한 것입니다.

그렇게 메가젠은 '세상에 없던' 애니릿지 임플란트를 출시했고, 수출이 본격화되면서 드디어 불황의 늪에서 빠져나올 수 있었습니다. 2013년에는 오랫동안 발목을 잡고 있던 200억 대의 매출에서 벗어나 300억 이상의 매출을 달성했습니다. 그러한 두 번째 기사회생 이후 메가젠은 새로운 도약의 길을 걷게 됩니다. 이후에도 계속 회사를 성장시키고, 좋은 성과를 만들어낸 비결에 대해 박광범 대표는 이렇게 말합니다.

메가젠의 철학과 목적은 창립 이후에도 변함이 없었습니다. 바로 '창조, 혁신, 솔루션'을 향한다는 것입니다. 북극성처럼 변치 않는 목적을 따라갔던 것이 결국 회사의 성장과 좋은 평가라는 결실로 돌아온 것 아닐까요? 수치적인 목표와 바람은 '글로벌 토탈 헬스케어 이노베이터'로서 매출 1조 원을 달성하는 것이지만, 그 핵심 가치의 방향은 늘 변함없이 전 세계인에게 평생 미소를 주고 싶다는 것이었습니다. '포 라이프타임 스마일'을 위해 천천히, 단단히 가는 기업, 그리고 정직하고 바르게 한국을 넘어 전 세계가 인정하는 기업이 되고자 합니다.

'카톡 경영'을
아시나요?

수평적, 자기 완결적인 업무는 가능하다

메가젠의 독특한 경영 비법 중에 제가 가장 놀란 것이 바로
'카톡 경영'입니다. 이 얘기를 듣고 많은 분들이 역시 비슷하
게 되묻습니다.

"카톡으로 경영을 한다고요? CEO가요?"

앞에서 메가젠만의 독특한 조직 구조인 'CEO 중심의 방
사형 직진성 조직'을 설명했는데, 그 '방사형' 조직 운영을 가
능하게 해주는 최적의 실행 도구가 바로 메신저입니다. 박광

범 대표는 구성원 개개인과 직접 소통하며, '수평적이고 자기 완결적인' 메가젠식 업무 문화를 구축했습니다.

구성원들은 어디서든 메신저를 소통의 도구로 사용해 CEO에게 지시받은 내용을 보고합니다. CEO를 비롯한 조직구성원이 소통하는 데 필요한 시간적, 물리적 제약을 최소화하고, 적시에 소통해 의사결정 하도록 만든 것입니다.

이것은 메가젠이 방사형 조직을 역동적으로 운영하는 비법입니다. 메가젠은 전 국민이 사용하는 '카카오톡'을 소통 도구로 적극 활용해 빠르고 정확하게 소통합니다. 박광범 대표가 상시적으로 개설하고 사용하는 단톡방이 무려 50여 개라고 합니다. 거기다 수시로 과제나 프로젝트별로 개설했다가 문제가 해결되고 나면 없애는 단톡방까지 합하면 박 대표는 100여 개의 소통창구를 매일 매시간 운영하는 셈입니다.

그뿐 아닙니다. 700여 명의 해외, 국내 구성원 개인들과도 수시로 개별 메시지를 주고받습니다. 다 합하면 어마어마하다고밖에 할 수가 없을 지경입니다. 보통 부지런하지 않으면 아예 엄두도 못 내는 수준이죠. 아마 다른 기업이나 기관의 CEO들과 가장 크게 다른 경영 방식 중의 하나가 이것이 아닐까요? 물론 다른 기업의 CEO들도 메신저를 활용해 소통하겠지만, 이렇게 많지는 않을 것입니다.

빠르고 왜곡 없는 소통, 동기부여 효과까지

이러한 메신저 소통의 가장 큰 장점은 아무래도 '스피드'입니다. 단계를 줄여 업무 진행 상황을 신속히 보고할 수 있고, 빠른 의사결정도 가능합니다. 또 불필요한 보고서를 작성하는 데 드는 시간도 아낄 수 있습니다.

두 번째 장점은, 각 부문 실무자가 CEO와 직접 소통하기 때문에 업무를 좀 더 자기 완결적으로 처리하려고 노력한다는 것입니다. 또 최종 의사결정권자가 직접 관심을 보이고 격려해주니 그 자체로 구성원들에게 더할 나위 없이 큰 동기부여가 됩니다.

세 번째 장점은, 수평적인 소통 문화입니다. 해당 과제나 프로젝트, 해결해야 할 문제에 대해 관련되는 구성원들이 직위나 직책과 상관없이 모두 단톡방에 초대되기 때문에 단계를 밟아 보고하고 보고받는 일반적인 방식보다 훨씬 수평적이고 왜곡될 위험도 적습니다. 관련된 모든 사람이 상황을 더 잘 이해할 수 있습니다.

그런데 팀원이나 실무자 입장에서는 빠르고 편해서 좋은데, 본부장이나 팀장 같은 리더들은 다소 불편할 수 있습니다. CEO가 직접 소통의 주체가 되기 때문에 본인들의 역할이 없어지는 것 아닌가 하는 의문도 들 수 있고, 실제로 간혹 불만을 제기하는 리더도 있다고 합니다. 하지만 이러한 불만에 대해 박광범 대표는 단호하게 말합니다.

> 이렇게 직접 소통하면서 구성원들은 CEO가 어떻게 문제를 정의하고 해결하는지 또 어떤 사항에 중점을 두는지를 배웁니다. 관련 부서 본부장이나 팀장이 학습하고 훈련할 수 있는 좋은 기회죠. 미리 그런 훈련을 잘 해두면 CEO로부터 과제나 프로젝트에 대해 더 빨리 권한위임을 받을 수 있습니다. 메가젠식 직접 소통을 좋은 기회로 활용할 생각은 하지 않고, 단순히 본인들의 체면이나 자존심 문제만 거론하는 것은 바람직하지 않다고 생각합니다

빠르고 정확한 소통, 수평적인 소통이라는 원래 취지를 생각한다면 긍정적인 측면이 훨씬 더 많은 것 같습니다. 물론

박광범 대표와 같이 메신저 사용에 대한 좋은 취지를 인정하고 빠른 문자 전달 테크닉을 가진 분만 가능하지, 누구나 그렇게 할 수는 없을 것입니다.

CEO부터 일하는 방식을 역동적으로

또 이 '카톡 경영'이 취지는 좋으나 운영 방법에 대해 개선해야 할 부분도 있습니다. 아마 독자 여러분 중에도 비슷한 경험이 있거나, 또 충분히 예상할 수 있는 그런 우려 사항일 것입니다. 무엇보다 하나의 메신저를 사용하다 보면 업무와 사생활의 경계가 좀 모호해질 수 있습니다. 회사 메일이나 시스템은 업무 시간 동안 대응하면 되는데, 카톡이라는 것은 그렇지 않으니까요. 퇴근 후에도 언제든 '묻고 답하고'가 자유로워지면 족쇄 아닌 족쇄가 될 수도 있습니다. 일과 이외의 시간에는 카톡 사용을 자제하는 등의 운영의 묘를 발휘해야 합니다.

그리고 국민 메신저인 카카오톡은 개인 SNS의 하나이기 때문에, 아무래도 개인적인 내용이 노출되는 것을 꺼리는 구성원도 배려해야 합니다. MZ세대 구성원들은 현명하게 멀티프로필을 설정해 잘 대응하고 있지만 말입니다.

　여기서 말씀드리고자 하는 것은, 카톡 경영을 하라는 것이 아닙니다. 아무나 할 수 있는 것도 아니고요. CEO가 먼저 전사적 조직문화를 수평적, 역동적으로 이끌어간다는 점에 주목해야 합니다. 단톡방이든 무엇이든, 기존에 해왔던 일반적인 방식을 바꿔 무언가를 새롭게 해보려는 노력이 필요하다는 것입니다.

메가젠 질문법,
그래서? 왜?

'그래서?'는 다음 단계를 제안할 때

메가젠 구성원들은 "그래서? 왜?"라는 질문을 자주합니다. 회사 역시 구성원에게 그 질문을 자주 던지라고 요청합니다. 왜 그럴까요? 그리 특이한 질문은 아니지만, 저는 이것을 '메가젠 질문법'이라고 부릅니다. 이 질문은 무언가를 제안하거나 의사결정 할 때 많은 도움이 됩니다.

먼저 '그래서?'는 인과관계를 설명하는 것보다는 그다음 단계를 제안할 때 주로 사용합니다. 예를 들어 설명해보겠습니다.

다음과 같은 상황을 가정해봅니다. 팀 내에서 프로젝트가 진행 중입니다. 수시로 진행 현황을 공유해야 하는데, 주로 이메일이나 메신저를 사용하다 보니 담당자는 비효율적이고 번거롭게 느껴집니다. 이럴 때 담당자는 팀장에게 어떻게 제안을 해야 할까요? 먼저 잘못된 제안은 이렇습니다.

팀장님, 프로젝트 현황을 이렇게 공유하니 너무 번거롭고 불편합니다. 언제까지 이렇게 해야 하나요?

어떤가요? 단순히 불만만 제기하고 끝났죠? 아무리 마음이 넓은 팀장이라도 대안 없이 불평만 하는 팀원을 격려해주거나 달래줄 수는 없습니다. '그래서?' 질문법이 필요합니다. '그래서?'를 혼잣말로 추임새처럼 3~4번 넣으면서 이렇게 제안을 해봅니다.

팀장님, 이렇게 프로젝트 진척 현황을 이메일이나 메신저로 수시로 하니 정보가 정확히 전달되지 않고 주고받는 과정도 비효율적인 것 같습니다.

(그래서?) 제 생각에는 단기 프로젝트는 현재와 같이 간단히 공유하되, 이번 프로젝트와 같은 장기 프로젝트의 경우에는 관련 정보를 공유하고 변동사항을 수시로 업데이트할 수 있는 프로젝트 관리 또는 협업 툴을 도입하는 것이 어떨까 합니다.

(그래서?) 그런 툴을 사용할 경우 팀원들 간의 의사소통과 협업이 원활해지고, 프로젝트 일정이나 진행 관리도 투명하게 할 수 있을 것 같습니다.

(그래서?) 그래서 혹시나 해서 제가 검색해보니, 프로젝트 관리 툴을 필요한 기간만큼만 라이센스를 구입해 사용할 수 있더라고요.

(그래서?) 또 혹시나 보안 문제는 괜찮은지 찾아봤더니 전혀 이슈가 없다는 리뷰들도 확인했습니다.

어떠신가요? 괄호 안의 '그래서?'를 리더가 첨언할 수도 있지만, 먼저 스스로가 '그래서?'라는 질문을 던지며 다음 상황을 고려해 제안할 수 있습니다. 상황을 더 논리적이고 상세하게 설명할 수 있고, 듣는 사람이 궁금해할 만한 것을 미리 조사해 대안까지 준비한다면 의사소통이 훨씬 빨라지겠죠? 제안하거나 보고할 때는 스스로에게 '그래서?'를 계속 던져서 내가 하려는 말의 의도와 배경, 대안을 충실히 준비해야 합니다.

'왜?'로 목적과 배경을 파헤친다

'왜?' 질문도 마찬가지입니다. '왜?' 라는 것은 우리가 보통 어떤 것의 원인이나 이유, 근거나 기준 등을 파악하고 어떤 결정을 할 때 주로 사용하는 질문입니다. 많은 분들이 잘 아시는 것처럼 문제 해결 방식 중 하나로 사용하는 파이브 와이(5why) 같은 것이죠. 이 역시 쉬운 예로 설명드려보겠습니다. 다음과 같은 상황을 가정해보겠습니다. 어느 날 고객으로부터 이런 연락을 받았습니다. "오늘 둘이서만 점심을 같이했으면 합니다. 메뉴나 장소는 정해서 알려주세요." 좀 갑작스럽기도 하고, 사전에 미팅 목적이나 희망하는 메뉴, 장소를 고객에게 확인하기 어려운 상황입니다. 이럴 때 고객에게 어떻게 이야기해야 할까요? 먼저 잘못된 대응입니다.

아, 그럼 지난번 단체 회식(석식) 했던 고깃집 C로 가는 것
은 어떨까요?

아무 생각 없이 지난번에 저녁 회식을 했던 기억이 나서
고깃집 C를 제안해봅니다. 그런데 점심시간에도 영업을 하
는지는 잘 모르겠습니다. 일단 뱉어놓고 생각해보니 거기는
아닌 것 같습니다. '아, 아무렇게나 대답하지 말걸' 하는 후회
가 밀려옵니다.

고객이 '둘이서만' 점심을 하자는 이야기는 너무 오픈된 장
소보다는 칸막이나 조용한 룸이 있는 곳을 원하는 것 아닐
까요? 게다가 점심부터 고기를 구우면 옷에 냄새도 밸 텐데,
그런 불편도 걱정입니다. 그렇다면 이럴 때는 어떻게 대응
해야 할까요? 먼저 언제까지 장소를 말씀드리겠다고 대답을
하고, 머릿속으로 '왜?'를 떠올려봅니다.

'왜 미팅을 하자는 걸까? 왜 갑자기 점심을? 꼭 만나서 해
야 하는 이야기가 있나? 그럼 카페에서 간단히 차만 한잔할
수도 있는데? 지난번에 납품한 제품에 무슨 문제라도 있나?
아니면, 다른 제품을 구매하려는 의사가 있는 건가?'

먼저 미팅의 이유(왜?)에 대해 미리 생각해보고 대응전략

을 수립할 수 있습니다. 이어서 메뉴나 장소에 대한 고민 역시, 먼저 '왜?'를 떠올려 봅니다.

'고객이 먼저 미팅을 제안하는 거라면 특별히 할 얘기가 있는 것이겠지? 그럼 장소는 너무 오픈된 공간이면 안 되겠다. 그럼 먼저 메뉴를 정하고 적당한 식당을 정하자. 메뉴는 한식, 중식, 일식, 양식 중에 뭐가 좋지? 일식이 좋겠다. (왜 일식이 좋지?) 한식이나 중식, 양식은 예전에 같이 먹은 적이 있기도 하고, 또 이전 미팅 때 초밥을 즐겨 드신다는 이야기를 얼핏 들었으니 일식이 좋을 것 같다. 그렇다면 일식당 중에서는 B가 좋겠다.

(왜 B가 좋지?) 이 고객은 우리 회사의 메인 고객 중 한 분이니 조금 수준이 있는 식당이어야겠고, 고객의 이동 동선, 점심시간 혼잡도 등 고려했을 때 B가 가장 적절할 것 같다.'

어떤가요? '그래서?', '왜?'라는 질문을 활용해보니 사고의 폭과 깊이가 달라지는 것이 느껴지죠? 실제로 박광범 대표는 늘 구성원들에게 "모든 제안과 결정을 할 때 3번의 '그래서?'와 3번의 '왜?'를 반복하며 업무를 수행하자"고 강조합니다.

혁신부터 절약까지,
업무의 5원칙

혁신

메가젠 질문법과 함께 강조하는 것이 바로 '업무 5원칙'입니다. 5개의 키워드로 요약할 수 있는 메가젠의 업무 5원칙은 혁신, 지금, 연결, 정직, 절약입니다.

'혁신', '이노베이션'이라는 이 용어는 아주 오랫동안 많은 기업에서 사용해왔습니다. 거의 대부분의 조직이 혁신을 추구합니다. 혁신적인 조직문화를 만들고 구성원의 혁신 역량을 강화하기 위해 다각도로 노력하죠. 그야 당연합니다. 시

시각각 변화하는 산업 환경에 대응하고 그 속에서 기업이 경쟁력을 강화할 방법은 결국 사람(인재)을 통한 혁신밖에는 답이 없기 때문입니다. 메가젠 역시 업무 5원칙 중 이 '혁신'을 가장 첫 번째로 여깁니다. 어느 공개석상에서 박광범 대표는 이렇게 말했습니다.

현재와 같이 살면서 더 나은 내일을 기대할 수 없습니다. '나'로 인한 변화의 에너지가 전사적으로, 글로벌로 전염될 수 있도록 합시다. 내가 맡은 분야에서 세계 최고가 되기 위해서 어떤 것들이 준비되어야 하는지, 눈을 들어 세상을 쳐다보고 목표를 정조준합시다.

꾸준히, 하나씩, 열심히 준비하는 사람이 이루지 못할 일은 없습니다. 나의 현재를 정확히 파악하고, 가고자 하는 방향과 목표를 정조준하며, 내가 가진 최선의 에너지를 알맞게 배정하는 캐스케이딩(cascading)을 규칙적으로 합시다. 회사는 늘 혁신을 준비하는 사람의 옆을 지킬 것입니다.

'혁신'의 키워드는 업무 수행에 필요한 지식, 스킬, 태도 중 태도 측면에서 가장 중요할지도 모릅니다. '일체유심조(一切

唯心造'라는 말처럼, 모든 것은 마음에서 비롯되기 때문입니다. 현재보다 조금 나은 수준이 아닌 이 일의 최고 수준이 어디인지, 최고 실력가 혹은 롤모델은 누구인지를 늘 생각하며, 세계 최고를 향해 꾸준히 노력해 나가려는 그 태도가 어쩌면 혁신의 가장 중요한 근간일 것입니다.

메가젠 역시 그런 생각으로 구성원 개인이 각자 맡은 분야에서 최고의 전문가로 성장할 수 있도록 제도를 마련하고 교육 지원도 아끼지 않습니다. 그렇게 성장한 메가젠의 전문가 그룹은 지금도 그리고 앞으로도 계속해 그룹 지니어스(group genius)를 발휘할 것입니다.

지금

그 어느 때보다 스피드가 중요한 시대입니다. 잠시 한눈팔면 어느새 타야 할 버스는 저 멀리 흔적도 없이 사라집니다. 그만큼 '지금'에 집중하고 민첩성을 갈고닦아야 하는 경영환경입니다. 박광범 대표는 '지금'에 대해 이렇게 강조합니다.

생각이 만들어지면 지금 당장 실천합시다. 세상에는 똑같은 시각으로 똑같은 생각을 하는 사람이 10명이 있다고 합니다. 그런데 그중에 그 생각을 실행에 옮기는 사람은 단 3명입니다. 그 말은 당장 실행에 옮기고 끝까지 파고드는 사람이 승자가 된다는 뜻입니다. 회사와 여러분 개인의 미래는 '지금' 행하는 습관에 달려 있습니다. 업무에 대한 보고와 상의는 '지금' '즉시' 하세요. 전 세계 2,000여 명의 메가젠 구성원들이 여러분의 '지금'을 기다리고 있습니다.

'지금'이라는 키워드가 강조하는 것은 바로 속도와 실행력입니다. 그리고 그것 역시 늘 몸에 배어 있도록 습관화하라는 것입니다. 대표와 임원 몇 명이 빠르다고 해서 조직 전체가 성공할 수 있을까요? 그럴 수 없습니다. 메가젠은 물론 세상의 모든 기업과 조직이 그렇습니다. 구성원 모두가 한마음으로 지금에 집중하고 오늘을 충실히 보내야만 성공도 가능합니다.

'크로노스'의 시간과 '카이로스'의 시간에 대해 아실 겁니다. 그저 흘러가는 크로노스의 시간이 아니라 의미 있고 중요한 시간, 기회를 잡는 시간인 카이로스의 시간을 놓치지 말아야 합니다. 특히 조직에서 중요한 의사결정이나 선택을 해야 하는 경우 언제나 적절한 타이밍이 가장 중요합니다. 카이로스 모멘트(kairos moment)로 타이밍을 잡는 기민한 조직만이 피 튀기는 경쟁에서 살아남습니다. 이러한 속도와 실행력은 앞으로 더 중요해질 것입니다.

간절히 바랐던 목표가 있었지만 준비가 부족했거나 타이밍을 놓쳐 실패했던 안타까운 경험들이 누구나 한 번쯤 있을 것입니다. 박광범 대표가 강조하는 이 '지금'이라는 원칙을 개인의 삶에도 접목해보시기 바랍니다. '지금'에 충실한 사람은 기회를 놓치지 않으니까요.

연결

세 번째 원칙은 바로 '연결'입니다. 메가젠에서 일하는 모든 구성원은 다양한 직군에서 각자의 역할을 수행하지만, 모두가 '고객 만족'을 위해 함께 연결되어 있습니다. 메가젠은 '원팀 스피릿(one team spirit)', '협업', '얼라인(align)'을 강조합니다.

조직이 커지고 복잡해질수록 각자의 업무는 점차 세분화

되고 전문화됩니다. 상위직책으로 올라가면 대체로 보는 눈이 달라지지만, 그마저도 특정 직군에 한정되는 경우가 많습니다. 조직 전체를 꿰뚫어 보는 CEO는 구성원들이 '큰 그림'을 보지 못하고 단편적인 시각으로 '작은 부분'만 보며 일하는 모습을 종종 봅니다. 아마 메가젠 역시 그런 이유로 '연결'을 주요 키워드로 강조하는 게 아닐까요?

회사든 조직이든, 모든 구성원은 '고객 만족'이라는 종착지를 향해 달려가야 합니다. 우선 각 부문, 직군, 부서 등 각 조직은 자체적으로 역할과 책임을 자기 완결적으로 수행해야 합니다. 단, 그것에 그쳐서는 안 되고 자신이 하는 일의 전후 공정과 프로세스를 필수적으로 이해해야 합니다. 그렇게 전사적인 업무의 흐름을 이해하고 자신의 업무에 임해야 일을 제대로 할 수 있습니다.

메가젠은 이러한 것을 말로만 강조하는 것이 아니라, 앞서 소개했던 '생산과 영업의 이해' 프로젝트를 통해 타 직군 업무와 프로세스를 이해할 수 있도록 합니다. 양궁 선수를 떠올려보세요. 눈으로만 목표를 정확히 겨냥한다고 10점을 쏠 수 있나요? 아닙니다. 눈, 입, 허리, 어깨, 팔다리 등 온몸이 함께 활시위를 당겨야 '고객 만족'이라는 과녁에 명중할 수 있습니다.

다시 말해 '연결'은 바로 전사 관점의 협업과 방향성입니다. 지금 내가 해서 넘기는 이 일이 다음 프로세스의 조직이나 담당자에게 전달되어 최종적으로 어떻게 처리되었는지를 알고 있는 것, 이것이 연결의 최종 모습이라고 박광범 대표는 강조합니다.

A에게 "당신이 처리한 일이 어떻게 되었죠?"라고 질문하면 B에게 전달했다고 말합니다. "그래서 어떻게 되었나요?"라고 물어보면 잘 모르겠다라는 대답을 아무렇지도 않게 합니다. 내 손을 떠나면 내 일이 아니라고 생각하는 것입니다. 대체로 그럴 것입니다. 연결이란 자신이 한 일의 결과가 어디까지 진행되고 어떻게 마무리되었는지를 포함합니다. 비록 지금은 내 손을 떠났다 하더라도 그것은 내 일이니까요.

정직

동서고금을 막론하고 '정직'은 아무리 강조해도 모자람이 없습니다만, 오히려 요즘 그 어느 때보다 기업의 윤리 경영, 투명 경영이 강조되는 추세입니다. 요즘 고객들은 가격과 품질을 꼼꼼히 비교하고 제품을 구입하지만, 단순히 그것만 고려하지 않습니다. 물론 제품의 기술력도 중요하지만 그에 못지않게 기업의 이미지를 중시합니다. 이른바 '착한 기업'의 제품을 더 적극적으로 구입한다는 뜻입니다. 고객이 직접 나서서 그 기업의 제품을 홍보도 해주는 그런 시대가 되었죠. 반대로 간혹 어떤 회사는 몇몇 구성원의 실수로 기업 전체의 이미지가 실추되거나 불매운동까지 일어나 고객에게 외면당하기도 합니다.

메가젠은 특히나 박광범 대표 스스로가 '윤리', '도덕' 관점에 철저하고 매우 엄격합니다. 덕분에 회사 업무의 기본 원칙으로서 구성원에게도 '정직'을 특히 강조하고 있습니다.

한 사람의 부도덕과 부정직이 회사, 나아가 사회와 국가 전체에 큰 손실을 입힙니다. 비윤리적인 경영 사례가 우리 메가젠에서는 절대 발생하지 않아야겠습니다. 감사 기능이 강화될 것이고, 수시로 진행될 것입니다.

인생에 있어서 누구나 '위기의 순간'들이 있음을 잘 이해합니다. 단, 그 순간이 왔다면 함께 슬기롭게 극복할 수 있는 시스템 또한 준비하겠습니다. 작은 욕심으로 개인의 인생을 파탄시키거나, 회사를 어렵게 하지 마십시오.

그 어떤 다른 원칙보다도 강한 어조가 느껴질 것입니다. 맞습니다. 이 '정직'이라는 것은 단 한 번의 실수만으로도 전체를 무너뜨릴 수 있습니다. 따라서 어떤 원칙보다 더 소중하게, 엄격하게 준수해야 합니다. 간혹 사람이 그래서는 안 된다는 것을 알면서도 어떤 순간에 잠시 견물생심이 발동해 부정한 방법으로 사적인 이익을 추구하기도 합니다. 박광범 대표는 그런 부정을 저지르는 것보다 회사의 이익에 기여해 인센티브를 받는 것이 훨씬 더 큰 보상이 되도록 여러 제도를 만들었습니다. 그래야 아예 그러한 생각이 들지 않을 테니까요.

또 정기적인 내부 감사뿐 아니라 수시 감사를 통해 구성원의 부정행위를 예방하고 대처하기 위해 노력하고 있습니다.

절약

메가젠은 지금까지 기업의 성장을 위해 사람, 시설, 기술 등에 많은 투자를 아끼지 않았습니다. 그뿐 아니라 앞서 말했듯 진정성 있는 ESG 경영을 실천하기 위해 취약계층을 위한 후원, 기증, 기부도 어느 기업보다 많이 해왔습니다. 이는 박광범 대표의 기본적인 경영 철학에서 비롯된 것입니다. 박대표는 평소에 '돈을 어떻게 잘 버느냐보다 올바른 곳에 잘 쓰는 것이 중요하다. 올바르게 쓰기 위해 열심히 벌자'라고 말하곤 합니다. 그런데 갑자기 절약이라니, 조금 의아하게 들릴 것입니다.

아시다시피 지난 3년의 코로나19 팬데믹 기간에 전 세계적으로 엄청나게 많은 돈이 풀렸습니다. 너무 많은 돈이 풀려 인플레이션 조짐도 있었죠. 그러다 보니 각국 정부와 중앙은행은 인플레이션을 막기 위해 금리를 올리거나 자금을 통제하고 있습니다. 앞으로 금융가에는 수년간 여러 어려움이 예상됩니다.

그러나 메가젠은 '2030년 매출 1조 달성'이라는 목표를 이루기 위해 앞으로도 통 큰 투자를 지속해 나갈 예정입니다.

여기서 말하는 '절약'은 결국 꼭 필요한 곳에는 과감히 투자하겠지만, 그렇지 않은 부분에서는(일상적으로 집행되는 경비 등) 허리띠를 졸라매자는 의미입니다.

각 가정에서도 마찬가지이지 않습니까? 한창 크는 아이들이 있는 집은 식비를 아끼지 않고, 노인이 있는 집은 약값과 병원비를 아끼지 않습니다. 그래야 가족이 행복하고 가정이 정상적으로 돌아갈 테니까요.

'단 한 푼이라도 허투루 쓰지 말자'는 것은, 늘 해왔던 대로가 아닌 제로베이스에서 투자에 들어가는 돈과 경비를 관리하려는 방침입니다. 이는 개인이든 기업이든 위기 상황뿐 아니라, 평상시에도 습관화해야 할 덕목입니다. "있을 때 아껴야지 없을 때는 아낄 것도 없다"는 속담처럼요.

보통 기업에서 절약이라고 하면 원가 절감을 떠올리는 것이 일반적입니다. 그런데 메가젠은 원가 절감 중에서도 '시간 절약'의 개념을 그 어느 회사보다 강조합니다. 일할 때 무턱대고 열심히 실행하기보다 기획하고 계획하고 예측하는 부분에 강조점을 많이 둡니다.

마냥 열심히 하다 보면 애초에 기대했던 결과물이 산출되지 않는 경우가 많습니다. 그러면 재작업을 하거나 보완작업을 추가로 해야 합니다. 시간도 시간이지만 이런 재작업은 심리적으로 사람을 지치게 만듭니다. 그래서 메가젠은 '기대하는 최종 결과물이 예측 가능해야 하고, 기간별 과정 결과물을 계획한 대로 이룬다'라고 하는 핵심 가치를 매사에 적용시킵니다. 어쩔 수 없이 원가를 추가로 투입해야 하는 상황이라면 몰라도, 애초에 쓸데없는 낭비 요소를 발생시키지 말자는 의지가 담겨 있습니다.

다 다른 사람이 모여
같은 방향으로 가는 비결

CEO가 직접 진행하는 전사 월례 조회

21세기 기업의 '최애' 키워드는 '소통'입니다. 소통만 잘되면 다 될 것처럼 이야기합니다. 또 투명 경영이 강조되다 보니 많은 CEO와 임원들은 구성원과 적극적으로 소통하려 노력합니다. 예전보다 훨씬 더 많이 애쓰는 것은 분명해 보입니다.

그러나 일정 규모 이상인 기업에서는 그런 개별적이고 직접적인 소통이 현실적으로 불가능합니다. 보통은 연간, 분기, 월간 등 정기적으로 진행하는 전사 모임을 통해 경영 자료와 이슈 사항을 공유하고 서로 인사를 나누곤 합니다. 그 경우에도 CEO를 비롯한 임원 이상의 구성원은 분기 모임 정도에 얼굴을 비추고, 인사·총무 부서나 기획부서가 사회를 보고 진행합니다. CEO는 가끔 등장해 일장 훈시(?) 정도를 한다고 봐야겠죠.

그런데 메가젠은 그렇지 않습니다. CEO가 전사 조회를 직접 진행합니다. 그것도 매월, 다른 사람의 사회 없이 혼자서 말입니다. 정말 놀랍지 않나요? 그 바쁜 일정 속에서도 이렇게 많은 시간을 할애하여 직접 월례 전사 모임을 준비하고 진행한다는 것이요. 이 정도 규모의 회사에서 CEO가 직접 이런 행사를 진행한다는 이야기는 어디서도 들어본 적이 없습니다.

박광범 대표가 월례 전사 조회에서 공유하는 사항은 다음과 같습니다. 연초에는 미션, 비전, 핵심 가치, 우리의 신조(Our Credo), 인재상, 중장기 목표, 올해 경영목표와 슬로건, 경영현황, 사업계획, 주요 일정 등을 공유합니다. 그리고 전년도 우수팀, 우수 사원을 포상하고, 장기근속자를 포상합니다. 그리고 전사적으로 공유할 조직개편 사항을 안내하고 조직구성이나 인사정책 등도 설명합니다.

1월을 제외하고 매월 하는 전사 조회 역시 미션, 비전, 핵심 가치, 우리의 신조, 인재상, 중장기 목표, 올해 경영목표와 경영 슬로건, 경영현황을 공유합니다. 그리고 월간 성과목표 달성현황과 주요 사업 추진현황, 주요 일정 등을 공유합니다. 그리고 새로운 구성원을 소개하고 '칭찬합니다' 이벤트의 주인공을 포상합니다.

제법 많은 내용을 발표하고 공유하는 이런 행사를 박광범 대표는 왜 직접 처음부터 끝까지 혼자 진행할까요? 그에게 직접 물었습니다.

먼저, 매월 초에 하는 전사 조회의 목적은, 모든 임직원에게 회사 내부, 외부의 동정을 알리고 이해시키고자 하는 것입니다. 상황을 정확히 알아야 주인의식도 가질 수 있을 거라고 기대했습니다. 우리 회사가 현재 어떤 상황인지, 사장과 임원들이 어떻게 노력하는지 알려 협조를 구하고자 하는 목적도 있습니다. 그중에서도 가장 중요한 이유는 방사형 조직 운영과 마찬가지로 CEO의 메시지가 조직의 모든 말초 혈관 구석구석까지 직접 전달되기를 바라는 마음에서 그렇게 하고 있습니다.

별로 크지 않은 회사에 비밀이랄 게 뭐가 있겠습니까? 그리고 한 가족 같은 구성원이라면서 '너는 몰라도 돼' 하는 것이 있어서도 안 되겠지요. 회사가 하는 여러 가지 시도와 변화가 구성원들에게 더 잘해주려는 노력들로 이해되기를 바라고, 다소 성에 차지 않더라도 함께 노력하자는 호소의 의미도 있습니다.

이에 대해 구성원들은 어떻게 생각하고 있을까요? 구성원들의 이야기를 들어보았습니다.

다른 회사와 달리 메가젠은 CEO와 구성원들 간의 거리가 상대적으로 가깝게 느껴지는 편입니다. 매월 전사 조회를 통해 자주 뵈니 더욱 친숙하게 느껴집니다.

– 입사 5년차 대리

우리 회사에는 가족과 함께하는 송년회와 매월 진행하는 '칭찬합니다' 같은 다양한 이벤트가 있습니다. 그런 행사를 통해 '사람 중심 문화'를 만들어나가려는 대표님과 회사의 노력에 감사함을 느낍니다.

– 입사 12년차 차장

월간 전사 조회를 통해 우리가 나아가야 할 방향과 목표를 점검할 수 있고, 현재 진행하고 있는 사업을 공유하며 소속감을 느낄 수 있습니다.

– 입사 3년차 주임

매월 전사 조회를 할 때 CEO께서 직접 전 구성원들에게 회사의 비전과 중장기 목표, 사업계획, 경영현황을 공유합니다. 회사가 나아가야 할 방향을 구체적으로 제시함으로써, 전 임직원이 하나의 목표를 향해 달려가는 느낌이 듭니다. 전사가 원 팀 마인드(one team mind)를 갖게 되는 것 같습니다. 그리고 이러한 공감의 경영을 몸소 실천하시는 것이 메가젠만의 매우 훌륭한 차별화 포인트라고 봅니다.

– 입사 2년차 부사장

이처럼 구성원과 눈높이를 맞추며 친밀함을 쌓아가려는

박광범 대표의 노력이 구성원들에게 충분히 전달되는 듯합니다. 늘 그렇듯 진심은 통하는 법이니까요. 참고로, 월례 조회를 할 때는 함께 일하는 장애인 사원들을 위해 따로 수화 통역을 하고 있습니다.

조직 내외부를 아우르는 와인바 소통

메가젠에는 고객과 임직원을 위한 특별한 공간이 있습니다. 바로 '와인바'입니다. 대구에 있는 메가젠 본사 건물 지하에 있습니다. 보통은 고객이나 외부 손님과 소통할 때 회사 바깥의 공간을 활용하기 마련인데, 박광범 대표는 왜 회사 내부에 와인바를 열었을까요? 그리고 카페도 아니고 식당도 아닌, 왜 하필 와인일까요? 여기에서도 박광범 대표의 살뜰한 소통 스킬이 빛을 발합니다.

제가 유럽과 미국으로 출장을 자주 가보니, 이분들의 기호를 엿볼 기회가 많았습니다. 그런데 저도 많이 가지만 한국에 와서 저희 회사를 방문해주시는 외국 손님들도 꽤 많아졌습니다. 그러다 보니 그분들께 적절한 음식을 대접하는 것이 항상 고민이었습니다. 한두 번은 한식을 대접할 수 있지만, 며칠간 한국에 머무르신다면 우리가 김치를 그리워하듯 고향 음식이 그립지 않을까요? 그렇다면 그분들의 음식 문화를 본뜬 대접이 더 좋지 않을까 하고 생각했습니다. 아주 화려한 레스토랑은 아니지만 내 집처럼 편한 곳에서, 우리 집 거실이나 주방에서 먹는 것처럼 와인도 나누고 원하는 스타일의 바비큐나 스테이크도 낼 수 있는 그런 곳 말입니다. 집으로 초대하는 게 최고의 예우겠지만, 시간과 인원에 제약이 있으니 이 공간으로 대신하고 있습니다.

이곳을 다녀가신 외국 치과 의사들이 '환상적인 와인 셀러', '가장 기억에 남는 곳'이라며 좋았다는 칭찬을 많이 해줍니다. 좋게 봐주시니 충분히 보상받은 셈입니다. 회사 구성원들에게도 개방한 것은 그리 오래되지 않았습니다만, 기념할 만한 일이 있거나 성과를 달성한 우수 직원들과 특별히 함께 저녁 시간을 보내기도 합니다. 모두 기뻐하고 고마워해주는 바람에 이곳에서는 유독 소통이 잘되는 느낌입니다.

CEO
성과 코칭

기획과 계획으로 성과를 만드는 훈련

여러분들은 일을 시작할 때 미리 계획을 꼼꼼히 세우는 편인가요, 아니면 그때그때 상황에 맞게 하는 편인가요? 요즘 유행하는 MBTI로 메가젠을 소개하자면 아마 강한 'J'가 아닐까 싶습니다.

메가젠이 구성원들에게 특히 강조하는 중요한 행동 특성이 하나 있습니다. 분명한 목적의식을 바탕으로 계획적·조직적으로 일을 신속히 처리하자는 것입니다. 실제 메가젠의 임직원들은 CEO가 주재하는 수많은 회의에서 정말 자주 듣는 말이 있다고 합니다. 하도 많이 들어서 일할 때도 늘 귓가에 맴도는 말이랍니다. 바로 메가젠의 핵심 가치인 "예측이 가능하고, 계획한 대로 이룬다"입니다. 메가젠이 이것을 핵심 가치로 삼게 된 이유가 무엇일까요? 그 배경을 먼저 설명해야겠습니다.

박광범 대표는 평소에도 이런 생각을 해왔고, 그 덕분에 저와 인연이 닿았습니다. 목표 달성과 성과 창출에 대한 박광범 대표의 평소 생각들을 좀 더 구체화하고, 메가젠의 전 구성원이 공감하며 한 방향으로 나가는 데 도움을 주는 역할을 제게 맡겼던 것입니다.

어쩌면 박광범 대표가 구현하고자 했던 경영의 방식과 '경영 컨설턴트'이자 '성과 코치'로서 제가 긴 시간 동안 발전시켜온 방식이 정확히 일치했기 때문에 가능한 인연이었을 것입니다. 그래서 저는 2020년 여름부터 지금까지 메가젠의 임원부터 실무자까지 모두가 '(최종 결과물을)예측이 가능하고, (기간별 과정 결과물을) 계획한 대로 이룬다'를 완전히 체득할 때까지 수없이 반복해 교육하고 훈련하며 성과 코칭을 이어오고 있습니다.

3년 정도 시간이 지난 결과, 지금 메가젠의 모든 구성원은 '성과 기획서'를 씁니다. 연초에 조직과 개인의 목표를 수립할 때도, 단일 과제를 계획할 때도 맨 먼저 성과 기획서를 쓰고, 그 목표가 달성되었을 때의 모습을 예측하며, 그게 맞게 구체적으로 계획을 수립합니다. 각각의 과제는 PMS이라는 '프로젝트 매니지먼트 시스템'을 통해 월별로 계획을 수립하고 전략을 수정하며 성과를 분석합니다. 계획한 일정과 수준대로 과제를 진행시키기 위해 지속적으로 관리해 나가는 것입니다.

'착한 독재자'의 '독한 코칭'이 필요한 이유

이러한 방식은 일반적인 스타일, 즉 기존의 성과나 현재 수준을 바탕으로 막연히 결과를 나열하는 수준의 계획이 아닙니다. 계획과 상관없이 벌어진 결과물만을 작성하는 실적도 아니고요. 성과 관리에 있어서도 메가젠은 자신들만의 독특한 방식을 개발해서 사용하고 있습니다. 앞서 메가젠 특유의 CEO 중심 방사형 조직을 설명했습니다. 이 성과 관리의 중심에도 바로 CEO가 있습니다.

박광범 대표는 여전히 일주일 2번 치과 진료를 직접 하고 수시로 해외 출장과 국내 고객 치과를 방문하고 있어서, 누구보다 바빠 시간을 효율적으로 활용해야 합니다. 그래서 박광범 대표는 진료가 없는 요일에 순서를 정해 본부별로 진행 현황을 보고받고 코칭합니다. 그러나 이 보고의 자리가 보통의 기업에서 진행하는 형태와는 사뭇 다릅니다.

첫 번째는 참석 대상입니다. 보통의 회사에서 소위 'CEO 보고'라는 것을 하면 각 부문의 임원 또는 리더 정도만 참석합니다. 그러나 메가젠에서는 해당 부문 혹은 업무의 임원부터 실무자까지 모두 한자리에 모입니다. CEO의 메시지를 실무자까지 직접 전달하기 위함입니다.

두 번째는 과제 도출의 오너십(ownership)이 CEO에게 있다는 사실입니다. 보통 과제는 해당 조직의 전문성을 스스로 도출하여 그것의 실행현황과 결과를 보고하고, 그것에 대해 CEO가 지시하고 피드백을 하기 마련입니다. 그러나 메가젠에서는 CEO가 직접 각 부문에 과제를 부여합니다. 그리고 각 부문에서는 그 과제의 실행현황을 보고하고 CEO를 통해 직접 성과 코칭을 받습니다. 앞서 소개한 '그래서?', '왜?'라는 메가젠 질문법 기억하시죠?

물론 과제 실행의 오너십은 철저히 각 부문에 있습니다. 실행방식에 대한 것까지 일일이 관여하는 것은 아닙니다. 그럼에도 어떤 분들은 이 방식이 다소 독재처럼 보인다고 말합니다. 그렇게 생각할 수도 있습니다.

그러나 저는 지금처럼 절체절명의 중요한 시기에 있는 메가젠에는 꼭 필요한 '착한 독재', '권한위임형 독재'라고 생각합니다. 아직은 각 부문의 역량이 박광범 대표의 천재성을 따라갈 수 없기에 당분간은 여전히 이러한 '착한 독재자'가 성과 코칭을 진행할 수밖에 없을 것 같습니다.

왜냐하면 메가젠은 박광범 대표가 누구보다 잘 알고, 그동안 경영자로서 미르치과와 메가젠을 이끌어 오면서 겪었던 수많은 시행착오를 통해 쌓아온 CEO의 경험치를 따를 자가 아직 조직 내에 없기 때문입니다. 수많은 변수에 대해 빈틈없이 예측하고, 그것을 바탕으로 과감한 목표를 설정하며 구체적인 계획들에 대한 현황을 세세히 파악하는 것, 박광범 대표가 힘들지만 직접 나설 수밖에 없는 상황이라고 생각합니다.

프리뷰부터 리뷰까지 일 근육을 키우는 철저한 성과 코칭

박광범 대표가 하는 메가젠의 성과 코칭은 제가 25년 넘게 성과 관리 분야를 연구하며 정리한 방식과 같은 맥락입니다. '성과'란 일 자체의 실행 결과가 아닙니다. 목표를 달성한 결과물이 성과입니다. 먼저 전사적으로 성과에 대해 재정의하고, 리더들은 더 이상 일정 관리나 실적 관리만 해서는 안 됩니다. 그러한 관리는 실무자들이 알아서 할 수 있으니 리더들은 성과가 제대로 창출되도록 '성과 코칭'을 해야 한다는 것입니다.

'성과 코칭'은 회사 또는 조직이 내부 고객과 외부 고객의 가치를 현실화하기 위해, 한정된 자원을 성과가 창출되는 일에 우선해서 집중 배분하고, 예상치 못한 리스크를 최소화하며, 역할과 책임에 따라 자기 완결적으로 실행하는 것을 목적으로 두고 있습니다. 성과 코칭의 핵심 프로세스는 아래와 같습니다.

먼저 일을 시작하기 전에 '프리뷰'를 합니다. 목표가 달성되었을 때의 모습을 그림으로 그리듯 생생하게 나타내보고 그 수준으로 목표를 설정합니다. 그리고 그 목표를 달성하기 위한 다양한 변동 변수를 도출하고 공략 방법을 수립하며, 예상 리스크를 밝히고 플랜 B도 수립합니다. 거기다 일정과 자원 배분을 중심으로 액션 플랜까지 수립합니다.

그다음은 성과에 직접적인 영향을 줄 수 있도록 수평적, 수직적 분배인 캐스케이딩과 협업을 통해 실행에 집중합니다. 마지막으로 일이 종료된 후에는 목표와 성과의 차이를 철저히 분석하고 평가하며 원인을 찾아냅니다. 그리고 개선 과제를 도출하고 만회 대책까지 수립해 리뷰를 합니다. 이러한 리뷰와 프리뷰를 반복해 성과를 창출하는 것이 성과 코칭의 핵심입니다.

프리뷰	인과적 실행	리뷰
1. 핵심 과제 선정	5. 캐스케이딩	7. 성과 평가
2. 성과 목표 설정	6. 협업	8. 전략&프로세스 평가
3. 성과 목표 달성 전략 수립		9. 개선 과제 도출 & 만회 대책 수립
4. 액션 플랜 수립		

PART

5

'사람 중심 경영'에서 답을 찾다

치과 의사 박광범에서
메가젠 CEO로

메가젠의 '사람 중심 경영'의 정점에는 박광범 대표가 있습니다. 박광범 대표가 스승님으로 모시는 분은 미국 USC(University of Southern California) 치주과 교수이자 WPD(Wilshire Park Dental)의 원장이신 토마스 한(Dr. Thomas J. Han) 선생님입니다. 그분은 박광범 대표를 한마디로 '마음이 따뜻한 사람'이라고 표현합니다. "페어(fair)하고 열정적(energetic)이며 사람 간의 관계를 중시한다"고도 했습니다. 그래서 일단 약속을 하면 손해가 나더라도 반드시 지키고 원리·원칙을 철저히 지키는 사람이라고 합니다.

박광범 대표가 토마스 한 선생님을 스승님이라고 한다고 했더니, 오히려 토마스 한 선생님은 박 대표에게 많이 배운다고 유쾌하게 말씀하십니다. 메가젠의 성장을 이끈 '사람 중심 경영'은 박광범 대표의 따뜻한 마음(warm spirit)에 바탕을 둔 인재 육성 덕분이 아닐까요. 당장 눈앞의 이익보다 장기적인 관점에서 사람에게 투자해왔기 때문입니다.

1991년부터 박광범 대표와 함께해온 광주 상무미르치과병원 류경호 원장의 이야기가 인상 깊었습니다. 박 대표와 류 원장은 미르치과네트워크와 메가젠임플란트를 함께 만들어왔고, 인생 전반에 걸친 동업자라고 할 수 있습니다.

1990년대 초반에 세미나를 하기 위해 대구의 박광범치과의원을 처음 방문했을 때의 일입니다. 박 대표(당시에는 박 원장)께서 누군가와 통화를 하고 있었는데, 이렇게 말하는 거예요.
"치과까지 택시 타고 오시면 제가 택시비를 내드릴게요."
아마 치료를 받고 돌아갔는데 통증이 심해서 환자가 다시 온다는 모양이었습니다. 그러고 나서 세미나가 한참 진행되는 중이었는데, 박 원장이 보이지 않아 찾으러 가보았습니다. 그랬더니 진료실에서 박 원장이 환자 손을 잡고 앞에서 무릎을 꿇고 있잖아요? 그러면서 이렇게 이야기했습니다.

"어제 제가 신경치료를 잘했으면 아프지 않았을 텐데 정말 죄송합니다."

같은 치과 의사지만 저로서는 상상도 할 수 없는 일이었어요. 아마 저뿐만 아니라 누구도 그렇게까지 환자에게 극진하지는 않을 것입니다. 그 장면에 저는 상당히 충격을 받았죠. 마치 휴먼드라마의 한 장면을 보는 것 같았고, 그때 저는 속으로 생각했습니다. '이분과 평생 함께하고 싶다'고요.

잘나가던 치과 의사는
왜 CEO가 되었나?

예술과 과학을 구현하는 치과 의사가 되고 싶다

주위 사람들이 박광범 대표를 표현하는 말이 여러 가지입니다. '천재 치과 의사', '레벨이 다른 사람', '진격의 거인' 등이 있는데, 그중에서도 가장 적절한 표현은 '휴머니스트 박광범'이 아닐까 생각합니다. 메가젠이 차별화된 성과를 만들고, 독창적인 프로세스를 구축하게 된 과정의 시작과 끝이 박광범 대표입니다. 그가 어떤 길을 걸어왔고, 어떤 선택과 생각을 해왔는지를 보면 '사람 중심 경영'의 핵심이 드러납니다.

이번 장은 특별히 박광범 대표의 육성을 생생히 전달하고자 저와의 대담 형식을 활용했습니다.

류랑도 대표님은 원래 치과 의사가 꿈이었나요?

박광범 아니요. 원래 저는 일반 의사가 되고 싶었습니다. 학창 시절에 건강이 좋지 않아 자주 부모님 속을 썩여드린 탓에 '의과대학에 진학해서 의사가 되어야지'라는 꿈을 늘 가지고 있었습니다. 치과 의사는 한 번도 생각해보지 않았어요. 그런데 고등학교 3학년 때 대입원서를 쓰기 직전에, 대학 교수로 계시던 아버지와 의사이시던 친척 형님이 갑작스럽게 제게 치과대학을 제안하셨습니다. 고민을 거듭한 끝에 치과대학으로 진학했고요. 당시 '앞으로는 치과 분야가 더 비전이 있을 것 같다'는 제안을 받아들인 것이죠.

류랑도 그렇게 진학한 치과대학의 공부는 적성에 잘 맞았나요?

박광범 교양 중심의 치의예과 수업은 그다지 흥미가 없어서 실컷 놀았습니다. 그런데 이후 본과에 진학한 후에는 왜 그런지 엄청난 양의 공부와 강도 높은 수업도 너무 재미있었습니다. 부모님께서 밤새워 공부하는 저를 걱정하실 정도였죠. 그렇게 열심히 공부한 덕분에 본과 2학년 진학 때 치과대 전체에서 1명에게만 주는 장학금을 받기도 했고, 본과 3학년 때는 큰 학술대회에 나가 최우수팀 상을 거머쥐기도 했습니다.

그렇게 치과대학의 학업을 이어가면서 드디어 졸업반이 되었고, 전공과목을 정해야 했습니다. 치과에는 구강내과, 악안면외과, 치주과, 보철과, 교정과 등 8개 임상 전공 과정이 있는데, 평소 외과적 시술에 관심이 많았던 저는 악안면외과와 치주과를 놓고 고민했습니다. 그러다 개원 치과 의사보다는 연구와 임상을 겸하는 교수가 되고 싶은 마음에 기초학문 영역이 더 넓어 보이는 치주과를 선택했습니다.

류랑도 그럼 교수의 꿈을 이루신 건 아니네요?

박광범 네, 그렇죠. 누구보다 열정적으로 인턴과 레지던트 과정을 보내던 중, 토마스 한 교수님을 만났습니다. 토마스 한 교수님은 미국 UCLA 치과대학 치주과 수련을 마치고 전문의가 된 분인데, 당시 처음으로 한국을 방문해서 저희 학교에서 강의를 하셨습니다. 그 수업으로 저는 새로운 세상에 눈을 뜨게 된 것이죠.

그날 저녁 강의가 끝난 후 토마스 한 교수님께 부탁하여 받은 소중한 강의 자료를 밤새 한 장 한 장 카피했습니다. 그런 식으로 열심히 공부한 결과, 저는 어느새 교과서에는 나와 있지만 수업시간에 거의 다루지 않았던 재미있는 시술들을, 일개 수련의 1년 차가 척척 해내게 되었죠. 후배들로부터 존경과 찬사를 받을 때도 많아서 저 또한 상당히 우쭐함을 느꼈습니다. 그렇다고 선배님들에게 잘난 체를 한 것은 아니었습니다만, 이런 분위기가 화근이 되어 결국 교수의 꿈을 접게 되었습니다.

류랑도 교수의 꿈을 접고 개원 치과 의사의 길을 걷게 된 거군요.

박광범 처음엔 저도 개인 치과 의원으로 시작했습니다. 원칙적인 진료를 고집하다 보니 처음에는 고전했는데, 2년여가 지난 후에는 그런 진심이 통했는지 운영이 잘되어 금세 적지 않은 돈을 모았습니다. 그렇게 번 종잣돈을 불려보려고 부동산을 알아보다가, 큰 금액의 대출을 끼고 박광범치과의원 인근의 5층짜리 작은 상가 건물을 매입했습니다. 그게 1997년이었는데 이듬해 IMF 외환위기가 터지고 말았습니다. 그로 인해 상가의 거의 모든 입주 업체들이 연이어 문을 닫았고, 저는 전세 보증금을 반환해주어야 했습니다. 결국 건물이 텅텅 비게 되었고, 저는 하는 수 없이 박광범치과의원을 그 건물로 옮겼죠.

당시 치과 영업의 가장 중요한 부분이 '위치'였는데, 이면도로에 있는 상가 건물의 위치가 내심 걱정되었습니다. 하지만 치주과와 임플란트를 중심으로 하는 우리 치과만의 차별성이 있었고, 함께하던 수련의와 치위생사 스텝들을 믿었습니다. 그래서 당시로는 꽤 큰 '대형 치과'를 설립하게 되었습니다.

그리고 앞으로는 '박광범' 한 사람이 모든 진료를 하기보다, 각자 자기 전문 분야에서 뛰어난 실력을 발휘하는 여러 치과 의사들이 협진하는 '치과병원'의 형태를 갖추는 것이 좋겠다고 생각했습니다. 그래서 '치과의원'을 '치과병원'으로 바꾸었습니다. 그리고 고심 끝에 치과병원 이름을 '가우정치과병원'으로 정했습니다. '가우정'은 저의 진료 철학인 '가슴에서 우러나는 정성으로'를 줄인 말입니다.

류랑도 그런 진료 철학을 가져가게 된 이유가 무엇이지요?

박광범 당시 개업의가 된 지 이미 5년이 흘렀을 때였는데요. 돌아보니 저 자신이 만족했던 진료 결과보다, 환자분들께 공감하면서 그분들이 가지고 있던 어려움을 헤아려가며 진료했을 때 훨씬 좋은 결과가 얻어졌고 환자들의 만족도도 높았습니다. 이런 생각들이 그 밑바탕이 되었던 것 같습니다.

류랑도 그럼 '가우정치과병원'은 어떻게 되었나요? 성공했나요?

박광범 네, 오픈 첫날 이미 모든 걱정이 사라졌습니다. 이미 박광범치과의원 때부터 치주 진료와 임플란트에 특화된 치과 의원으로 소문이 난 덕분이기도 했겠지만, 우리 병원의 모든 스텝과 의사들이 합심하고 단결해서 최선의 서비스와 최고의 진료를 하기 위해 많은 노력을 기울인 덕분이었지요. 당시 함께 했던 수련의들은 진료를 마친 저녁 6시부터 밤 12시까지 밤늦도록 스터디를 했고, 주말에는 세미나와 학회에 참석하면서 정말 열심히 했습니다. 그리고 아이러니하게 IMF 외환위기로 인해 잉여 수입이 늘어난 고객들이 당시로서는 고가인 임플란트 치료를 위해 더 많이 내원해준 덕분도 있습니다.

류랑도 그러면 치과 의사 박광범은 어쩌다 2002년에 메가젠임플란트를 시작하게 된 것이죠?

박광범 메가젠은 어느 날 갑자기 짠 하고 등장한 회사가 아닙니다. 지금까지는 제가 대표이사를 맡고 있습니다만, 저 혼자 창립했다고 할 수도 없고요. 1990년대에는 국산 임플란트가 거의 없었고 대부분 해외에서 수입해온 임플란트를 사용했습니다. 그래서 1990년대 중반부터 후반까지 한국에 임플란트를 보급하기 위해 굉장히 많은 분들이 함께 애써주셨습니다.

저 역시 치과 의사로 진료를 하는 동시에 10년 정도 학회나 공부 모임을 통해 꾸준히 준비했습니다. 수입 임플란트가 가격도 비싼 데다 한국인 환자들에게는 불편한 점도 많아서 한국인에게 맞는 국산 임플란트를 만들고 싶다는 생각을 줄곧 했죠. 그래서 언젠가 기회가 되면 우리 나름의 디자인을 가진 임플란트를 만들어 전 세계로 나가보면 좋겠다고 생각해왔습니다. 그러던 차에 창업에 필요한 인재들을 만나 메가젠임플란트를 설립하게 된 것입니다.

류랑도 많은 분이 박광범 대표님에 대해 'CEO 리스크가 가장 없는 분이다'라고 말씀하십니다. 그 이유가 무엇일까요?

박광범 글쎄요. 세상에 리스크 없는 CEO가 과연 있을까요? 아마 많은 분들이 생각하시는 '리스크'가 '부정', '욕심', '사리사욕' 같은 것이어서 저를 보고 그런 리스크가 적다고 말씀하시는 것 같습니다. 이 부분은 저 역시 '상당히 그러하다'고 이야기할 수는 있겠습니다. 사업을 시작할 때부터, 제 목표는 '좋은 세상 만들기'와 '믿을 수 있는 리더가 되기'였습니다. 주위에도 늘 그렇게 이야기했고요. 창립 동지인 류경호 원장님과 많은 분의 격려 덕분에 나름대로 지켜나갈 수 있었던 것 같습니다.

류랑도 CEO로서의 사업관 또는 경영 철학은 무엇입니까?

박광범 사업하는 분들이 정말 많지만, 사업관 또는 가치관을 살펴보면 대개 두 부류로 나뉘는 듯합니다. 하나는 '돈'을 위한 사업, 다른 하나는 '사회적인 기여'를 하는 사업. 이 두 가지가 합쳐진 기업도 적지 않는데, 그런 기업의

CEO들은 궁극적으로 '이루어냄'과 '공헌'에 더 무게를 두는 것 같습니다. 수익 없이 이룰 수 있는 사업은 없지만, 그렇게 해서 얻어진 수익이 궁극적으로 어디를 향하고 있는가가 중요한 포인트겠죠.

회사, 즉 법인(法人)도 '사람'과 같다고 봅니다. 그리고 CEO는 법인의 머리 역할을 하고요. CEO는 기업의 성장과 사회에 대한 기여, 성취를 먹고 사는 사람이어야 한다고 생각합니다. 돈을 목적으로 하는 기업의 CEO는 결국 '노예를 부리는 농장주'와 다름없지 않을까요? '돈을 버는 것이 사업의 궁극적인 목표'라고 주장하는 책도 많은데, 방법은 될 수 있어도 목적이 되어서는 곤란할 것입니다.

구성원의 성장과 사회 발전에 기여하고 공헌하는 것, 앞선 기술과 상품을 공급하는 것이 공동의 목표가 되어야 합니다. CEO는 그 과정을 즐기는 운영자가 되어야 하고요. 끊임없이 배우고 객관적인 사고를 통해 제대로 된 의사결정을 해야 합니다. 실행에 있어서는 구성원들의 능력이 커갈 수 있도록, 그래서 더 큰 무대에서 함께 뛸 수 있도록 역량을 키워주는 경영체계를 만들어야 하고요. 물론 저도 아직 한참 멀었습니다만, 언젠가는 '아, 이제 알겠다!'라고 말할 수 있기를 기대합니다.

류랑도 메가젠이 세상에 기여하고자 하는 미션과 비전은 구체적으로 무엇인가요?

박광범 전 세계 80억 인구 중에 아직도 무려 절반 이상이 제대로 된 치과 치료를 받지 못하고 있는 상황입니다. 저작이 건강에 미치는 중요성을 생각하면, 치아 건강은 참 중요한 요소인데도 말이죠. 그래서 저는 지금의 치과 진료 환경을 완전히 바꾸고 싶습니다. 누구의 손을 거치든지 더 쾌적한 환경에서, 고통이 적으면서도 훨씬 만족스러운 결과가 나오는 그런 시스템을 만들고 싶습니다. 정글에 있든 사막에 있든, 누구나 보편적으로 치료받을 수 있고 쉽게 적용할 수 있는 저렴한 임플란트 시스템을 만들고 싶습니다. 그러려면 완벽한 임플란트를 창조해내고, 이와 관련된 진단, 수술, 보철 기술들을 소프트웨어와 하드웨어 관점에서 무한대로 향상시켜야 하겠지요.

메가젠의 미션은 "우리는 인류의 건강한 삶에 기여할 수 있는 혁신적인 제품을 연구하고 개발하는 담대하고 도전적인 글로벌 메가젠이 된다"이고, 비전은 "2030년 토탈 헬스케어 이노베이터 포 라이프타임 스마일"입니다.

류랑도 대표님을 경영자의 길로 들어서게 만든 것은 무엇입니까?

박광범 부족함, 아쉬움이 기본이었던 것 같습니다. 대학에 다닐 때는 공부나 연구가 전부라고 생각했는데, 막상 졸업하고 환자를 대하다 보니, 저부터도 아는 것이 너무 부족하다는 것을 깨달았습니다. 그냥 조금 부족한 게 아니라 '이건 말도 안 된다'는 생각이 들 만큼 충격적이었습니다. 그래서 학교에서 학생들을 가르치고 연구를 계속해보고 싶었는데, 제겐 기회가 오지 않았죠.

개원을 준비하면서는 주변 선배님들을 돌아보니, 이분들이 평생 몸담아온 치과의 환경이 제 기대와 달리 너무 열악했습니다. 돈을 얼마나 버느냐와 별개로 치과는 그저 노동 현장처럼 보였고요. '치과 의사와 직원, 환자 모두가 편안하고 쾌적한 환경이 될 수는 없을까?', '치과 의사가 자신의 전문성을 소신껏 발휘할 수는 없을까?', '이빨쟁이가 아니라 예술과 과학을 구현하는 치과 의사가 되고 싶다'는 바람을 갖게 되었습니다. 현장에서 마주한 그런 결핍 때문에 미르치과네트워크 같은 대형 치과를 개원하게 되었던 것이죠.

치주과를 전공한 제가 임플란트와 가까워진 것은 당연하고 필연적인 일입니다. 또 임플란트와 관련해 수년간 국내 강연자들과 함께 전국을 순회하며 강의했던 과정에서 느끼고 배운 것, 당시 외국산 임플란트에 대한 불만과 임상 아이디어들이 결국 메가젠을 시작하게 된 계기가 되었고요. 메가젠의 첫 제품을 출시한 이후 지금도 끊임없이 좀 더 나은 방향으로 개선하고 새로운 것을 고민하고 있는데 어느새 시간이 20년이나 흘렀습니다. 2022년이 메가젠 창립 20주년이었습니다.

이렇듯 세상의 발전은 부족함을 느끼는 데서 시작됩니다. 그 부족함을 부끄럽게 여기는 마음은 방해요소가 될 뿐이죠. 저 역시 그동안 저와 회사의 부족함을 찾아내고, 인정하고, 채워가는 과정을 이어왔던 것 같습니다.

류랑도 CEO로서 대표님만의 경영 철학은 무엇인가요?

박광범 우선 저는 회사를 경영하면서 현장에서 진료도 하고 있습니다. 환자들을 계속 만나는 임상가의 입장이다 보니,

제품을 개발하고, 개선하고, 향상시키는 데 상대적으로 강점이 있다고 생각합니다.

하지만 다른 회사의 창업자들도 비슷한 경우가 많죠. 만약 저만의 특별한 경영 철학을 물어보신다면, 책임감이나 인간성 같은 것 아닐까 싶습니다. '조금 일찍 돈과 명예에 대한 허망함을 느꼈다'고나 할까요. 일이나 성취에 대한 욕심이야 누구보다 크지만, 그 결과물이 저의 사적인 재산이나 명예 같은 것이 아니라 공적인 자원으로 남길 원해왔습니다.

때문에 조금 다른 길을 선택할 수 있었던 것 같습니다. 미르치과도 그렇고, 메가젠임플란트도 그렇고요. '올바르게, 정직하게, 맡은 바 책임을 온전히 다하는 책임 경영'을 중요하게 생각하기 때문에 '책임 경영'이 저의 경영 철학이라고도 할 수 있겠습니다.

또 치과 의사로 살아온 시간이 38년, 사업을 시작한 지도 어느새 20년이 되었는데요. 그렇게 여러 사람과 많은 시간을 함께해오면서 '역시 사람이 제일 중요하구나'를 깨달았습니다. 개발, 생산, 마케팅, 영업, 관리 등 각 조직의 역량은 결국 사람으로 판가름 나기 때문입니다. 그래서 무엇보다 '메가젠이 추구하는 가치와 함께 가고자 하는 인재를 육성하는 일'이 저에게는 매우 중요합니다.

류랑도 이러한 경영 방식에 영향을 끼친 사람이 있었나요?

박광범 '선악개오사(善惡皆吾師)'라는 말이 있죠. 좋은 일이나 나쁜 일이나 모두 나의 스승이라는 뜻입니다. 우선 부모님의 영향이 가장 큰 것 같습니다. 아버지는 제가 사회에 나와 활동을 시작하자 작고하셔서 깊이 교감할 수 있는 시간적 여유가 없었지만, 항상 주변과 가족을 보듬되 옳지 않은 일에 대해서는 극도로 경계하셨지요. 당신이 감당해야 할 책임들에 대해서는 늘 당당하게 행하셨지만, 당신 자신에겐 늘 절제하시고 겸손하셨습니다.

어머니 역시 대장부세요. 아버지와 비슷하시지만 매우 섬세하시죠. 제가 이것저것 꼼꼼하게 챙기는 버릇은 어머니로부터 배운 것 같습니다. 또 개인의 이익과 영광을 떠나 늘 '옳은 것이 옳다'는 것을 강조하시며 제가 바르게 살아가기를 바라십니다.

또 그리고 동료 의사, 스승님들이 계시지요. 광주 상무미르치과의 류경호 원장님은 지난 30년의 만남 속에서 늘 한

결같이 바른 모습, 뚜렷한 가치관을 보여주셨습니다. 그래서 제가 중요한 결정을 내릴 때마다 '이분이라면 어떻게 생각하실까?'를 속으로 되묻게 되는 스승과 같은 분입니다. 그리고 한국에 사는 한국 사람보다 더 한국적인 따뜻함을 가진 토마스 한 선생님입니다. 앞에서 말씀드렸듯이 저는 선생님의 강의를 듣고 새로운 세상을 발견한 느낌이었는데, 토마스 한 선생님은 저에게 치과 의사로서의 숙제를 넘어서 인생의 정도를 가르쳐주셨습니다. 경북대 치대 배용철 교수님, 김영진 교수님과 같이 훌륭한 학자의 본보기가 되어주신 스승님도 계시고요.

물론, 반면교사로 삼은 분들도 많이 만났습니다. 능력도 없으면서 폼 잡기 좋아하고, 세상의 명예를 모두 차지하려고 욕심내는 전형적 꼰대들이죠. 자신의 이익을 위해서는 제자들도 기꺼이 흥정과 거래의 대상으로 삼고, 개인적인 이익을 추구하는 데만 지식을 쓰는 이기적인 사람도 있었습니다. 좋은 조직과 인재, 자금력이 있음에도 발전적인 개척보다는 자신의 부를 축적하는 데만 골몰하는 사람들을 보며 '절대 저렇게 하지 말자'고 스스로 경계해왔습니다.

류랑도 경쟁사와 차별화된 메가젠의 기업 문화는 어떤 게 있을까요?

박광범 기업 문화 측면에서는 우선 내부적으로 시니어(senior)를 공경하고, 주니어(junior)를 잘 보살펴주는 분위기, 남녀 상호 존중을 기본으로 한 건전한 양성평등을 추구합니다. 그렇게 메가젠의 영향력이 미치는 곳에 항상 선한 기운이 퍼져나가기를 바랍니다. 또 다른 회사들보다 더 많은 면에서 사회적 기여를 하고자 합니다. 무작정 몸집만 키우기보다는 스스로 끊임없이 노력하고 발전시켜 경쟁사들과도 비방이나 음해가 아닌 실력으로 당당히 승부하길 바랍니다. 또 협력업체들과는 상생하고 상호 발전이 가능한, 진정한 실력자가 되고자 노력하고 있습니다.

예측이 가능하고
계획한 대로 이룬다

때를 놓치지 않으려면

박광범 대표에게는 학창 시절부터 늘 몸에 밴 습관이 하나 있습니다. 바로 '오늘 하기로 한 일은 반드시 오늘, 절대로 내일로 미루지 않는다'입니다. 이는 대학 시절에도 마찬가지였습니다. 전날 아무리 밤늦게까지 술을 마셔도 그날 하기로 했던 일은 밤을 새워서라도 꼭 하고 잠들었다고 합니다. 이렇게 계획을 세우고 철저하게 실행하는 것에 대해 박광범 대표의 생각은 진작부터 남달랐던 것 같습니다.

'예측이 가능하고, 계획한 대로 이룬다'는 말은 앞서 메가젠의 차별화된 프로세스 중 성과 코칭 부분에서 여러 번 강조했습니다. 성과를 만들기 위해서는 미리 최종 결과물을 구체적으로 예측하고, 기간별 과정 결과물을 계획한 대로 산출하는 것이 무엇보다 중요하다는 것이죠. 이것은 메가젠에서 함께 일하는 사람이라면 누구나 반드시 지켜야 할 핵심 가치가 되었습니다.

류랑도 '예측이 가능하고 계획한 대로 이룬다'를 메가젠의 핵심 가치로 정한 특별한 이유나 계기가 있었나요?

박광범 먼저 슬로건 혹은 핵심 가치를 정해야겠다고 마음먹은 계기가 있었습니다. 예전에 학생일 때나 인턴, 레지던트 생활을 할 때만 해도 그냥 저 혼자서 열심히 공부하고 잘 가르치면 되었습니다. 그러나 회사를 운영하면서는 내가 원하는 것, 나아가고자 하는 방향이 있어도 구성원들이 정확히 이해를 못 하는 경우가 종종 있었어요. '이 정도로 이야기하면 다 알아듣겠지?' 하는 생각은 저 혼자만의 착각이었습니다. 리더인 제가 최대한 확실하고 분명하게 메시지를 주어야 구성원들이 제대로 이해할 수 있기 때문입니다. 그래서 '어떤 일을 성공시키기 위해서 가장 중요한 것은 무엇일까?'를 곰곰이 생각하고, 그것을 간단히 줄여 슬로건으로 만들어 공유해야겠다고 생각했죠.

고민 끝에 나온 것이 '예측이 가능하고 계획한 대로 이룬다' 입니다. 어떤 일을 성공시키려면 우선 중요한 것이 '목표를 설정하는 것'입니다. 그리고 그 '목표'는 그저 단순한 꿈 수준으로 '이렇게 하자'고 해서는 안 되고, '그 목표가 달성되면 이렇게 된다'라는 것이 있어야 합니다. 즉, 목표 달성에 필요한 모든 것들을 최대한 '예측'하고, 그것을 바탕으로 세워진 '계획'을 순서대로 이루어나가는 것이 중요하죠.

이와 같이 평소에 가졌던 일에 대한 저의 철학을 함축적으로 요약한 것이 '예측이 가능하고, 계획한 대로 이룬다'입니다. 그리고 메가젠의 모든 임직원도 같은 생각으로 일에 임해주었으면 해서 핵심 가치로 정하게 되었습니다. 미래를 예측하는 일은 정말 중요한 일인데, 여전히 저를 비롯한 모두에게 참 어려운 일인 것 같습니다.

류랑도 혹시 예측에 실패하여 크게 낭패를 겪은 일이 있었나요?

박광범 예측에 실패해 낭패 본 순간이 많았지만, 그중에서도 가장 가슴 철렁했던 때가 떠오릅니다. 사업을 처음 시작했을 당시입니다. 저는 치과 의사로서 치과만 운영해왔지 사업을 제대로 해본 경험이 없었습니다. 그러다 보니 대표로서 제가 스스로 제대로 예측을 하거나 계획을 세우기보다는 겉으로 드러난 전망과 외부 평가에만 의존해 판단했습니다. 예를 들어 제품 개발과 인증에 소요되는 시간이 얼마나 걸릴지도 제대로 예측하지 못했고, 자금 수요에 대한 예측도 잘못해 절대적으로 예산이 부족했던 일도 있었습니다. 2004년 경이었는데 회사가 거의 파산 직전까지 갔었죠. 파산 예정일을 한 달 앞두고 제품 인증을 받아서 가까스로 기사회생했습니다. 그런 충격적인 일은, 일차적으로 직원들에게만 100% 맡겨둔 저의 안일함과 무지 때문이었습니다. 지금 돌이켜보면 '무계획이 가져올 수밖에 없는 당연한 결과'였다는 생각도 듭니다. 정말 아찔한 경험이었죠.

류랑도 사업 초기에 제대로 한 수를 배우셨네요.

박광범 네, 맞습니다. 사업을 하는 데 있어 자금 수요의 예측이 정말 중요하다는 것을 뼈저리게 느꼈죠. 그렇지만 저는 그 후에도 예측력 부족으로 몇 번 더 실수를 했습니다. 부끄럽고 가슴 시린 일들이지만, 조금 더 들려 드리겠습니다.

앞서 말한 2004년의 큰 위기를 극복한 후 다행히 회사의 매출은 지속적으로 늘어갔습니다. 그때 주변의 권유도 있었고 저 역시 고무된 마음에 섣불리 코스닥 상장을 시도했다가 실패하면서 수년간 경제적으로나 정신적으로 매우 힘든 시기를 보냈습니다. 이후 또 한 번 유럽의 대형 임플란트 업체와의 협상이 결렬되고, 수년간 법정 공방이 이어지는 고통의 시간을 보냈습니다. 모두 처음에는 겉으로 보이는 선의나 장밋빛 미래에 대한 막연한 기대로 시작한 일이었습니다. 그런 환상에 가려져 있다 보니 구체적인 예측을 하지 못했고, 거기서부터 문제가 시작되었습니다.

또 이런 위기의 순간은 사업적인 것도 있지만 사람에 대한 예측력 부족도 한몫했던 것 같습니다. 조직이 커갈수록 당연히 제가 모든 것을 혼자 감당할 수 없기에 적합한 인재를 선발하고 영입했습니다. 좋은 인재를 적재적소에 배치하고 권한을 위임하기 위해서요. 그 과정에서 그들을 처음부터 전폭적으로 믿고 위임하기보다는 적절한 관리와 코칭, 견제가 필요했는데 그러지 못했던 것이죠. 인정하고 싶지 않지만 이 모든 사건이 전체적으로 CEO의 무지, '리스크 테이킹(risk taking) 부족'에서 비롯되었다고 생각합니다.

류랑도 지나친 자기비하 같습니다. 그렇다면 그 후로 어떻게 전방위적인 예측을 실행하셨나요? 구성원들도 잘 따라왔나요?

박광범 알 수 없는 미래를 예측한다는 게 당연히 쉬운 일은 아닙니다. 구성원들도 당연히 여러 어려움에 함께 부딪혔죠. 가끔 어떤 과제나 프로젝트의 경우 제가 주도적으로 의사결정을 내린 후에 전달하는 경우가 있습니다. 그래서 본부장이나 실무자들은 '왜 담당자 이야기는 듣지도 않고, 갑자기 뜬딴지같은 이야기를 쏟아내고는 진행을 하라고 하느냐'며 불만을 토로하기도 하죠. 잘 아시겠지만 실제 예측을 제대로 하기 위해서는 업무를 바라보는 시야와 깊이가 중요한데, 보통의 경우 각 부문 담당자는 자신이 맡은 업무에 국한된 생각을 할 수밖에 없습니다.

그런데 회사 전체의 흐름을 보고 있는 저로서는, 경우에 따라 무리수를 두더라도 패턴을 바꾸어야 할 필요가 있거든요. 누구나 익숙함을 버리고 큰 패러다임을 바꾸기란 쉽지 않은 법입니다. 사안에 따라 공론화를 통해 다양한 부서와 담당자들의 의견을 수렴하기보다는 스피드를 추구해야 하는 경우도 있습니다. 그쪽이 훨씬 효과적이기도 하고요. 물론 각 본부장과 실무자들이 더 크고 글로벌한 스케일을 가지게 되는 때가 오면 저 역시 전문가 집단의 의견을 충분히 듣고 반영할 것입니다.

류랑도 이 '예측'이라는 것은 '각각의 목표가 달성된 구체적인 상태'이기도 하지만, 예상되는 리스크를 미리 예방하고 대책을 세우는 '계획'의 관점도 포함되어 있는 것 같습니다.

박광범 네, 맞습니다. 먼저 정확하게 예측하고 그에 따라 구체적으로 계획을 세울 필요가 있습니다. 또 무엇보다도 '부뚜막의 소금도 집어넣어야 짜다'고 하지요. 어떤 구체적인 계획도 실행 없이는 아무 소용이 없습니다. 그래서 최종 목표를 향해 계획한 바를 단계적으로 실행에 옮기자는 의미로 '계획한 대로 이룬다'는 말을 추가한 것입니다. 그래야 때를 놓치지 않으니까요. 모든 일에는 때가 있습니다. 때를 잘 타면 목표한 일들이 계획대로 수월하게 성취되지만, 때를 놓치면 아무리 노력해도 자꾸만 반대쪽으로 움직여갑니다.

이렇듯 '예측이 가능하고, 계획한 대로 이룬다'는 메가젠의 핵심 가치는 결국 때를 놓치지 않기 위한 것입니다.

류랑도 그렇다면 목표를 수립하고 달성하는 것에 관한 대표님만의 철학이나 기준이 있습니까?

박광범 흔히 성현들께서는 '머리는 하늘에, 발은 바닥에 두라'라고 말씀하십니다. 생각은 높게 하되 항상 기본에 충실하며 무리함을 삼가라는 말씀이겠지요. 하지만 요즘같이 변화가 빠른 세상에서는 '발을 땅에' 붙이고 있다간 금세 경쟁에서 밀려나고 시대에 뒤떨어집니다. 그래서 저는 그 말을 '머리는 하늘에, 발은 땅으로부터 5cm 떠 있도록'으로 바꾸어보았습니다. 생각은 높게 하되, 세상의 흐름과 트렌드 변화에 쉽게 적응할 수 있는 유연성을 갖자는 의미입니다. 그런데 너무 높이 떠 있다 보면 바닥에 내려와야 할 순간을 놓칠 수가 있으므로, 딱 5cm만 떠 있다가 필요할 때

언제든 즉시 발을 땅에 붙이고 안정을 찾고자 합니다.

그렇게 높은 생각으로 목표를 수립했다면, 그 후로는 '가랑이가 찢어지기 직전까지 최선을 다한다'는 생각으로 실행에 매진합니다. 흔히 '최선을 다한다'는 말은 모두가 알고 있지만, 실제로 어디까지 무엇을 어떻게 하는 것이 최선을 다하는 것인지는 모릅니다. 그래서 저는 저만의 기준으로 '가랑이가 찢어지기 직전까지'를 붙여보았습니다. 표현이 좀 직설적이기는 합니다만, 의미는 더 잘 전달되는 듯해서 제가 자주 사용하는 말입니다.

이것은 돌아오지 못할 정도는 아니지만, 능력이 닿는 한 최대한 멀리까지 보폭을 넓게 잡으라는 이야기입니다. 그렇게 하기 위해서는 먼저 자신이 가지고 있는 능력과 한계를 알아야 합니다. 체력, 자금, 시간, 관계 등의 조건들을 모두 잘 살피고 스스로 결정을 내려야 합니다. 처음에는 작은 프로젝트에 도전하는 것이 안전하겠지만, 반복하다 보면 점차 큰일에도 과감하게 도전할 수 있습니다. 실제로 남들이 보기엔 무모하고 과도해 보일지라도, 스스로는 그 일의 내용과 자신의 한계를 잘 알고 있으므로 무난히 이루어낼 수 있습니다.

그리고 한 가지 덧붙이자면 '절대로 포기하지 말자'는 생각도 가져야 합니다. 누구나 나름대로 계획을 세우고 그 목표를 달성하기 위해 엄청난 노력을 하지만, 실제로 성공을 거두는 사람은 그다지 많지 않죠. 끝까지 해내는 사람보다 중간에 포기하는 사람이 많기 때문입니다. 하지만 이렇게 생각해보면 어떨까요? '포기하려는 지금 혹시 목표에 거의 다 온 것 아닐까? 딱 한 걸음만 더 가면 되는 것 아닐까?' 그렇다면 여기까지 와서 포기할 수는 없겠죠. 저는 포기하고 싶은 마음이 들 때마다 그런 생각을 했던 것 같습니다.

포기는 모든 것을 잃어버리는 것입니다. 모든 것을 잃어도 괜찮을 만큼 지금 힘들다면, 자신이 해왔던 방법을 한 번 더 돌이켜보고 왜 문턱에 걸려 도달하지 못하는지 생각해보는 것이 더 낫지 않을까요? 그동안의 노력이 분명 밑거름이 되어 한순간에 성공에 도달할 수 있을 것입니다. 어쩌면 처음에 세운 목표보다 더 크고 웅장한 성공의 길을 발견할 수도 있고요. 저는 긍정적인 생각으로 세상을 직시하는 사람, 포기하지 않고 꾸준히 노력하는 사람에게는 항상 기회의 문이 열려 있다고 믿습니다.

"어떤 일이든 이루어지기 전까지는 불가능한 것처럼 보인다(It always seems impossible until it's done)."

남아프리카공화국에서 여러 도시를 돌아다니며 순회강연을 한 적이 있었는데, 넬슨 만델라 스퀘어에서 이 문장을 발견했습니다. 이미 많은 분이 잘 아는 문장이지만, 저에게는 특히 감회가 새로웠습니다. 조선 중기의 선비 양사언의 시조처럼 태산이 아무리 높다 해도 '하늘 아래 뫼'이고, 오르고 또 오르면 못 오를 리 없습니다.

박광범이 꿈꾸는
메가젠의 미래

디지털 플랫폼으로 연결되는 치과 치료의 미래

박광범 대표가 메가젠의 미래에 대해 가장 중점을 둔 것이 무엇일까요? 새로운 기술 패러다임의 변화가 가져올 미래 진료환경의 혁신을 예측해내는 것이라 강조합니다. 그리고 그 속에서 핵심적인 요소가 무엇인지 파악한 다음, 이를 만들어내기 위한 계획을 수립하고 적시에 달성할 수 있도록 추진하는 것이 무엇보다 필요할 것이라고요.

류랑도 메가젠의 최종 목표는 무엇입니까?

박광범 세계 1등 임플란트 기업이 되는 것입니다. 우선 10년 뒤 매출 1조 원을 달성해 전 세계 임플란트 업계의 3위 기업으로 도약하겠다는 중장기 목표를 수립했습니다. 사실 임플란트 업계의 글로벌 시장 사이즈 자체가 타 산업에 비해 그다지 크지 않다 보니, 1조라는 숫자에 다들 놀랍니다. 그러나 전체 시장의 성장세와 메가젠의 글로벌 성장세, 또 향후 새로 출시될 아이템의 혁신성 등을 고려하면 2030년 매출 1조 원 목표는 충분히 달성 가능하리라 생각합니다. 그러기 위해서 메가젠은 임플란트뿐만 아니라 치과 치료에 필요한 모든 재료와 장비를 사업영역으로 삼아 반경을 넓혀나갈 것이고, 의료 장비, 디지털 소프트웨어 등에도 지속적인 연구와 투자를 하려고 합니다. 그럼에도 핵심은 임플란트 그 자체이기 때문에, 더 좋은 임플란트를 개발하고 제품을 향상시키기 위한 노력도 지속할 것입니다.

그리고 여전히 임플란트는 상대적으로 부유한 지역과 사람들에게만 공급되고 있습니다. 아직 접근성이 낮은 곳이 많습니다. 장기적으로는 저렴하면서도 효과적인 진료가 가능한 환경과 장비, 도구 등이 더 개발되어야 합니다. 하나씩 꾸준히 해나가야죠. 예를 들어 '정글에서 임플란트하기 프로젝트'는 시간과 노력, 비용이 많이 들겠지만, 세계 1등이라는 비전에 다가가는 데 의미가 큰 프로젝트가 될 것입니다.

류랑도 그렇다면 메가젠은 어떤 방면의 확대, 즉 사업 다각화를 모색하고 있습니까?

박광범 메가젠의 궁극적인 목표는 아주 기능적이고 심미적으로도 예쁜 치아를 환자들에게 만들어드리는 것입니다. 그러기 위해서는 치과의 진료 환경 자체를 바꾸어야 한다고 생각합니다. 사실 제가 치과 의사가 되었던 1980년대 중반과 비교하면, 지금의 치과 치료는 많은 부분이 디지털화되어 있습니다. 디지털화를 통해 정량화와 반복 실현이 가능해집니다. 또 모든 디지털 기기의 '연결'은 기본이고요. 그래서 저희는 현재 임플란트 치료의 전 과정을 하나의 디지털 플랫폼에 담는 데 역점을 두고 있습니다. 디지털 플랫폼으로 환자의 상태를 확인해 미리 계획하고 치료 결과를 예측하면서 시술하는 것이죠. 이것이 가능해지려면 엑스레이와 CT, 스캐너, 프린팅까지 파트별 장비를 모두 하나의 플랫폼에 연결시켜야 합니다. 또, 데이터를 바탕으로 환자가 빠르고 편안하게 임플란트 시술을 받을 수 있도록 연구해야 하고요. 이미 상당히 많이 연결되었고, 완전하게 업그레이드시키는 데 조금 더 힘쓰는 중입니다.

이런 것들이 모두 실현된다면 치과 의사들이 늘 풀고자 했던 문제, '어떻게 하면 예측 가능한 진료를 할 수 있는가', '어떻게 하면 더 안정적이고 좋은 결과를 얻을 수 있는가'에 대한 해답도 찾을 수 있습니다. 치과 의사들 역시 더 편안하고 좋은 진료를 할 수 있게 될 것입니다.

류랑도 비전 달성을 위한 중간 목표가 있습니까? 예를 들어 2025년에는 어느 정도의 매출과 시장 점유율을 목표로 하고 있습니까?

박광범 2025년에는 적어도 매출 5,000억 정도를 달성할 것으로 기대합니다. 그 규모는 여전히 글로벌 시장 전체 중에는 5% 정도이지만, 제품의 구성이 경쟁사에 비해 부족함이 없고, 앞으로의 발전 가능성도 높기 때문에 글로벌 브랜드로 키워나가기 위한 기반을 더욱 단단하게 다지는 데 중점을 둘 것입니다. 수출국의 수도 현재 100여 개국에서 150여 개국으로 늘려가고 있고, 전략 국가들에서는 직접 마케팅 활동을 펼치며 교육도 적극적으로 해나가고자 합니다. 구성원의 숫자는 2배 정도 늘 것이고, 그게 맞게 연구개발의 전문성을 더욱 높이려고 합니다. 생산 역시 한 치의 빈틈도 없는 완벽한 품질로 수준을 높이고, 글로벌 물류시스템과 CS를 비롯해 개척정신이 투철한 글로벌 영업팀을 구축하고 있습니다. 물론 투명하고 공정한 경영지원 시스템도 함께여야 하겠죠.

류랑도 메가젠만의 특별한 마케팅 방법과 영업 전략이 있다면 무엇입니까?

박광범 우선 전략이란, 시점과 자원, 상태의 움직임에 따라 달라질 것입니다. 대부분 글로벌 기업에서 주로 국내 영업과 해외 영업으로 구분하고 있지만, 이제는 국내 영업을 바라보는 관점도 글로벌 눈높이에 맞추어야 한다고 생각합니다. 전 세계를 영역으로 구분하고, 대한민국도 그 영역의 중요한 한 부분임을 전제로 전략을 펼쳐야 합니다. 그리고 임플란트는 특별한 분야의 기술인 만큼, 섣부른 가격경쟁력보다는 기술경쟁력을 바탕으로 마케팅 전략을 세우고 있습니다. 개발이 시작되는 순간부터 우리 제품이 세계적인 강자들과 시장에서 대등하게 겨룰 만한 경쟁력이 있는가를 철저히 따져야 합니다.

마케팅의 핵심은 결국, 고객의 문제점들을 몸소 느끼고, 그들의 어려움을 해소하려는 노력을 제품의 개발과 개선에 연결하는 것이라고 확신합니다. 경청(listening)—공감(empathy)—나눔(sharing)—도전(challenge)과 개발(development)로 연결되는 과정을 철저하게 실행하는 부분에서 승부가 결정될 것이라 생각합니다. 다행히 저 역시 고객인 치과 의사들과 같이 현장에서 진료하고 있습니다. 그러다 보니 치과 의사들의 불편이나 요구사항 등에 대해 공감하는 부분이 많습니다. 더 큰 발전 가능성이 있는 고객 제안이나 아이디어가 저 개인의 편협함으로 인해 무시되거나 사장되지 않기를 바라며 늘 조심하고 있습니다. 고객과 현장을 지향하는 마케팅을 지속적으로 발전시켜갈 예정입니다. 저는 '내 손에서 이루어지면 누구의 손에서도 이루어질 수 있다'라고 생각합니다. 그래서 제가 느끼는 것을 고객들 또한 똑같이 느낄 수 있기를 바랍니다.

류랑도 글로벌 치과계에서 메가젠의 비전은 무엇인가요? 그리고 한국 치의학이 세계적으로 나아가야 할 방향이 무엇이라고 생각하시나요?

박광범 두 질문의 답은 동일합니다. 우선 글로벌 메가젠의 비전은 세계 1등이 되는 것이지만 매출이나 규모로 1등이 아닙니다. 더 선명하게는 혁신을 만들어내고 새로운 기술을 선도하는 기업으로 존경받는 세계 1등이 되겠다는 것이 목표입니다. 매출이나 이익과 같은 재무적인 성적으로 1등을 하겠다는 것이 아니라, 이 세상에 그동안 없었던 혁신적인 제품, 환자의 만족도를 높이고, 치과 의사가 정확하게 치료할 수 있도록 도와주는 새로운 제품을 내놓는 기업으로 최고가 되겠다는 것입니다.

전 세계 1등 수준의 한국 치의학도 좀 더 따뜻한 방향으로 발전하면 좋겠습니다. 치과 의사인 제가 생각하는 치과의 가장 큰 장점은 오랜 시간 한 환자를 치료한다는 점, 환자를 거의 가슴에 안다시피 하면서 진료하기 때문에 환자와 술자가 서로의 체취와 취향을 공유한다는 점입니다. 비유하자면 시간이 지날수록 숙성되는 김치 같은 의학이랄까요? 깊이 있고 맛있고 따뜻한 엄마의 손맛 같은 의료 영역이 치의학의 의술이 아닐까 생각합니다.

하지만 현실 치과계에는 그런 따스함이 사라지고 있는 듯합니다. 돈과 자본의 논리로 과열되고 덤핑이 팽배하는 것 같아 아쉽습니다. 치과 의사의 맛있고 멋있는 면이 퇴색되는 것 같아서 속상하고요. 옳은 진료가 무엇인지를 알려주는 어른과 선생님이 부족하다는 사실에 책임감을 느낍니다. 메가젠 역시 우리의 이상을 실현하는 것과 동시에 대한민국 치의학 발전을 위해 '다소 보수적이더라도 천천히 바르게' 가야 하지 않을까 생각합니다.

세계 최고의 CEO들은 어떻게 일하는가?

《세계 최고의 CEO는 어떻게 일하는가》라는 책을 보면 맥킨지가 진행한 '탁월한 CEO들의 마인드셋과 행동'에 관한 연구 결과가 나옵니다. CEO의 진정한 역할은 무엇인가'라는 답을 찾기 위한 연구인데, 탁월한 업적을 이뤄낸 CEO 200명을 선정하고, 그중 67명의 심층 인터뷰를 통해 도출한 결과였습니다.

맥킨지는 먼저 CEO의 6가지 핵심 역할을 정의합니다. '기업의 방향 설정', '조직적 합의 도출', '리더들을 통한 조직 운영', '이사회와의 협업', '이해관계자들과의 소통', 그리고 '개인의 효율성 관리'가 그것입니다. 그리고 탁월한 CEO들이 어떤 특별한 자신만의 마인드셋과 행동방식으로 그 역할을 수행했는지 밝힙니다. 저 역시 호기심과 기대감을 갖고 박광범 대표는 어떠한지 비교해보았는데 역시 예상대로 상당 부분이 겹쳤습니다.

그 책에서도 CEO 6가지 책임의 우선순위는 각 비즈니스의 특수한 상황과 CEO의 고유 역량, 선호도 등에 따라 달라지지만, 재임 기간에는 모두 그 6가지 책임을 유의미하게 수행했다고 합니다. 한마디로 최고의 CEO들은 6개의 접시를 항상 동시에 돌리고 있었다는 의미죠. 그런데 내외부 환경 변화에 맞게 어떤 접시는 더 빨리 혹은 느리게 돌려야 할 때도 있을 것입니다. 그런 관점에서 볼 때, 박광범 대표는 기업의 방향 설정, 조직적 합의 도출, 이사회와의 협업, 이해관계자들과의 소통이라는 4개의 접시는 더 빠르게, 리더들을 통한 조직 운영, 개인의 효율성 관리는 조금 느리게 돌리고 있는 듯합니다.

장사꾼이 아닌
사업가의 길

반사체 기업은 장사를 하고 발광체 기업은 사업을 한다

"나는 장사 안 해, 경영하고 사업하지."

박광범 대표가 동료 의사들에게 자주 하는 말입니다.

이 책의 서두에서 말했듯이 메가젠은 발광체 기업입니다. 유니크한 컨셉이 있고 자기 색깔이 분명한 회사죠. 덩치가 아무리 크고, 돈을 아무리 많이 벌어도 스스로 빛을 내지 못하는 회사는 반사체 기업입니다. 반사체 기업은 장사를 하고 발광체 기업은 사업을 합니다. 박광범 대표는 스스로 발광체가 되어서 사람을 키우고 사회에 유익을 주겠다는 철학으로 후자를 선택했습니다. 박광범 대표 주변 사람들은 이러한 철학이 바로 메가젠임플란트의 가장 강력한 힘이라고 입을 모아 이야기합니다.

박광범 대표는 치과 의사이고 임상가입니다. 아직도 일주일에 이틀 환자를 진료합니다. 그렇게 어느새 20여 년간 치과 의사이자 CEO의 길을 걸어온 박광범 대표는 후배 치과 의사들에게 진심 어린 조언을 하곤 합니다. 먼저 안 것들, 조금 더 아는 것들을 자신만의 노하우로 삼아 돈 버는 데 쓰기보다는, 늘 다른 이들과 나누고 싶어 하기 때문입니다. 후배 치과 의사들에게 꼭 해주고픈 이야기를 물었습니다. 이것은 스스로에게 하는 다짐이기도 합니다.

1. 환자의 행복에 충분히 공감하세요

첫 번째는 환자의 행복을 충분히 공감하라는 이야기입니다. 치과 비즈니스 현장에 있지만 저는 여전히 치과 의사입니다. 단, 진료 행위를 손에서 내려놓는 순간, 저는 그냥 비즈니스맨이 됩니다. 그래서 저는 후배 치과 의사들에게 이런 말을 자주 합니다. 의사라면 치과가 만들어낼 수 있는 즐거움을 먼저 느끼시라. 고단함이 따르겠지만 환자들이 느끼는 기쁨과 즐거움, 행복에 충분히 공감하라는 말입니다. 공감을 잘하는 사람이 훌륭한 치과 의사가 될 수 있습니다.

그러기 위해서는 무엇보다 진료를 열심히 해야겠죠. 누구보다 열심히 진료하고 정성을 다해야 합니다. 환자가 기뻐하는 모습을 온전히 누리고, 만약 환자가 만족하지 못하면 그 불만과 불편들의 문제점을 탐구해야 합니다. 또 저는 후배들에게 해외로 자주 다니면서 보는 눈을 넓히고 높이라고 강조합니다. 학생 때는 1년에 1번, 개업을 하면 1년 2번씩은 꼭 학회에 참석해서 세상이 어떻게 돌아가는지 익혀야 합니다.

한국의 치의학계나 치과가 지금은 잘나가고 있지만 20년 전에는 많은 일본 교수들이 한국에 와서 강의하던 시절이 있었습니다. 과거를 통해 우리는 배워야 합니다. 노력하지 않으면 우리도 우물 안 개구리가 돼서 언제든 퇴보할 수 있다는 사실을 말입니다. 그래서 더 나아가고 더 나아지기 위해 세상의 중심에 있는 사람과 기술, 제품들에 대해 꾸준한 관심을 가지고 트렌드를 익혀야 합니다. 세상의 중심에 가까워지려는 노력은 절대 시간 낭비, 돈 낭비가 아닙니다.

2. 경영 지식과 비즈니스 마인드를 갖추세요

두 번째는 경영 마인드를 가지라는 것입니다. 과거 치과 의사들은 개원을 해도 경영을 별로 중시하지 않았습니다. 환자만 열심히 보면 되지, 치과 의사가 무슨 '경영'을 이야기하느냐고 했던 시절이 있었죠. 과거의 사회 통념이 그랬다는 것입니다. 하지만 겉으로는 고결한 척, 숭고한 척하면서 실상은 환자와 진료실장 사이에 불법적인 협상을 종용하거나, 실수입의 상당 부분을 숨기며 탈세하는 경우도 많았습니다. 불법과 편법도 저지르면서요.

그리고 지금도 일부에서는 여전히 그런 관례와 관행이 남아 있습니다. '좋은 게 좋다'는 식의 경영을 계속하는 치과 의사도 있을 것이고, 반대로 투명하게 치과를 운영하고자 하더라도 무지함으로 인해 어려움에 처한 초보 개원의도 있을 것입니다.

지금은 예전과 달리 치과병원 개원에 필요한 자금이 크게 증가했습니다. 업계의 경쟁이 더욱 치열해진 상황에서 치과 의사들도 이제 '경영 지식과 비즈니스 마인드'를 꼭 가져야만 합니다.

대차대조표를 이해하고 적절히 해석해 자산의 상태를 한눈에 파악해야만 문제점을 발견해낼 수 있죠. 그뿐 아니라 치위생사, 치기공사 등 직원을 고용하고 관리하는 데 있어서도 주먹구구 식이 아니라 '인사의 원칙'을 세우고 적용해야 합니다.

경영이란, 옳은 일을 옳게 추구하기 위한 기본적인 프로세스입니다. 부도덕한 방법을 동원해 돈만 추구하는 것이 아니라, '옳은 방향의 선택은 항상 옳은 결과를 가져온다'는 마음을 가지고 경영해야 합니다. 진정한 의료인이되 경영을 하는 사업가적 마인드까지 겸비한다면 환자들과 직원들, 동료 치과 의사들의 존경과 공감을 얻을 것입니다. 그러면 세상의 부와 명예도 저절로 따라옵니다.

3. 세계적인 수준으로 실력을 높이세요

세 번째는, 세계적인 수준이 되도록 실력을 키워야 합니다. 저는 후배들에게 사업가를 꿈꾼다면 현재의 우수한 진료 환경, 진료 술식에 기반하여 진료하면서 느끼는 부족함을 사업화하면 창업의 세계로 나아갈 수 있다고 조언합니다. 그런데 그러기 위해서는 먼저 그 분야의 No.1이 되어야 합니다. 사업도 치료도 링 위에서 딱 1번만 이기면 끝나는 게임이 아닙니다. 글로벌 톱이 되어 수준 높은 스피커들과 꾸준히 교류하고 소통하면서 세계 수준의 기술과 지식을 습득해야 합니다.

그러기 위해서 우선 한국인의 치아 치료를 만족시키세요. 처음에는 모방해도 좋습니다. 다만, 모방하고 나서는 끊임없이 의심하길 바랍니다. 무슨 일을 하든 '이게 최선일까? 저게 정답일까? 그건 왜 안 되는 걸까? 되는 방법은 없을까?'를 꾸준히 질문하고 그 과정들과 답을 축적하시길 바랍니다. 저는 치과대학에서 수련하고 조교로 일할 때 남이 안 된다는 것만 뒤졌습니다. 그래서 안 된다는 방법에서 되는 방법, 할 수 있는 방법을 꽤 많이 찾아낸 경험이 있습니다. 남이 안 된다고 하는 바로 거기에 기회가 있습니다.

치과 의사의 마음을 가장 잘 아는
치과 의사 CEO

국내외 많은 치과 의사들이 메가젠 제품과 박광범 대표에 대해 어떻게 생각하는지 들어보았습니다. 지면 관계상 다 담지는 못했지만, 공통적으로 박광범 대표는 늘 성실하게 노력하고 인간적이며 항상 도전한다는 점, 환자들에게 좀 더 좋은 임플란트를 제공하고 좀 더 쾌적한 환경에서 시술받으며 좀 더 편리하게 진료를 받을 수 있는 환경을 만들어주고자 하는 점에 대해서는 모두가 공감하고 있습니다. 또 내부든 외부든 누구에게나 배움의 길을 열어주려고 하는 점에서 존경을 표하는 이도 많았습니다.

서면 인터뷰와 대면 인터뷰에 응해주신 분당 웃는하루치과 이정삼 원장님, 포천우리병원 치과센터 김용진 원장님, 서울미르치과 최진 원장님, 서울 파크리오치과 라원식 원장님, 더뉴치과 정준 원장님, 김동현 원장님, 논현사랑치과 김기영 원장님, 수원 김의치과 김의 원장님, 수원 신뢰치과 이

성용 원장님, 서울플란트치과 장희원 원장님께 다시 한번 감사의 말씀을 드립니다. 일일이 언급하지 않았지만 인터뷰에 응해주신 여러 원장님들의 진정성 있는 말씀으로 좋은 원고를 작성할 수 있게 되었습니다. 감사합니다.

치과 의사의 마음은 치과 의사가 잘 알 수 있다고 생각합니다. 박광범 대표는 치과 의사로서 현재까지도 현장에서 활동하기 때문에 실질적이고 현실적으로 치과 의사에게 필요한 것, 불편해하는 것 등을 확실하게 알고 있습니다. 이런 고민에서 시작된 제품들과 서비스이기에 당연히 모든 치과 의사들이 만족할 수밖에 없다고 생각합니다.

– 남플란트치과의원 남민호 원장

함께 공부하던 BDPG(Basic Dental Practice Group)의 지도의 원영삼 선생님(일본 후쿠오카에서 개원 중인 경북대 치대 출신 재일교포 치과 의사)의 소개로 메가젠임플란트를 처음 사용하게 되었고, BDPG와 MIR 그룹의 학술교류를 통해서 박광범 선생님의 임상을 처음 접할 기회가 있었습니다. '아! 저런 분이 CEO라면 믿을 만한 제품을 만들겠구나!' 확신했고,

기존에 사용하던 수입 임플란트를 전부 바꾸기로 결심했습니다. 박광범 대표님은 항상 웃는 얼굴에 겸손한 자세로 상대방의 얘기를 정말 귀담아들어 주시는 분이십니다.

– 광명 배현욱치과의원 배현욱 원장

임플란트를 박광범 원장과 류경호 원장한테 배웠습니다. 그 후에 메가젠 제품이 출시된 후로는 회사에 대한 신뢰도가 높아서, 그리고 현장의 요구를 빠르게 반영하고 개선해주는 장점이 있어서 계속 사용하고 있습니다. 수입 임플란트를 썼을 때와 비교해 특별히 단점이나 차이는 못 느낍니다.

박광범 대표는 항상 진료하면서 느낀 것을 바로 개선해주고 한결같이 노력하는 모습이 존경스럽습니다. 환자를 진료할 때의 친절함과 최선을 다하는 모습이 같은 치과 의사로서 본받고 싶은 부분입니다. 회사의 대표가 직접 진료하면서 제품에 대한 개발과 개선을 한다는 것이 메가젠의 장점이고, 특히 영업 부문이 성실하고 빠른 편입니다.

– 순천 미르치과의원 이상택 원장

박 원장님은 제 인생의 멘토이자 모든 임상의 기초를 알려주고 발전하도록 이끌어준 분이십니다. 박 원장님의 사람 중심 기업 경영과 환자를 최우선으로 살피고 진료하는 진료 철학은 물론이고, 직원들과 동업자들, 선배, 후배, 심지어 치과 관련 많은 사업자들에게 보여주는 일관된 성실함은, 모두에게 귀감이 됩니다.

또 메가젠임플란트는 끊임없이 신제품이 출시되고, 치과 의사들의 편의를 돕는 제품과 장비가 제공되는 회사입니다. 박 원장의 선구자적인 임상과 결과를 토대로 치과 의사들이 따라갈 수 있는 임상을 제공해준다는 점, 환자들에게 양호한 임상 결과를 드릴 수 있다는 점이 특별한 장점입니다.

– 에이블 청아치과의원 권혁진 원장

NYU에서 공부하면서 많은 브랜드와 기술을 시도해보는 중 우연히 메가젠을 사용하는 분을 만나 임플란트 디자인이나 생물학적 철학에 대해 알게 되었습니다. 알면 알수록 메가젠이 추구하는 것이 세상 모든 것의 이치와 맞는 것 같았습니다. 그런 이유로 스페인으로 돌아온 이후 저는 메가젠을 선택했고, 메가젠의 우수한 임플란트 제품뿐만 아니라 수술 키트를 통해 전문성을 높여가고 있습니다.

— 니콜라스 아로나(Nicolas Aronna)

미시간 대학에서 연구하는 중 '기본 안정성이 높고, 환자의 뼈 유형에 완벽하게 맞으며, 어버트먼트(abutment, 지대주) 또는 나사 고정 크라운의 풀림 현상이 없다'는 메가젠 임플란트 제품에 강한 호기심이 생겼습니다. 메가젠의 모든 제품은 환자와 치과 의사를 생각하는 사람이 있다는 것이 분명했고 임플란트 업계에서 가장 최신 트렌드를 잘 반영하여 고안된 제품입니다.

— 조르디 가르갤로(Jordi Gargallo)

2002년 처음 시장에서 가장 좋은 브랜드를 사용하여 임플란트 식립을 했었는데, 당시에는 골유착 증가를 위해 임플란트에 거친 표면을 만들었습니다. 근데 그것으로 임플란트 주위염이 생겼고 저와 환자 모두 힘든 시간을 보냈습니다. 이후 임플란트 기술을 업그레이드하고자 많은 코스와 다른 브랜드를 검토하다 메가젠을 알게 되었고 적용해본 결과, 우수한 품질로 임플란트 주위 염증이 급격히 감소했습니다. 저의 시술 실력도 점차 향상되었습니다.

치과 의사가 치과 의사를 위해 만든 임플란트라는 점이 존경받을 만하다고 생각합니다. 메가젠은 인간애를 매우 중시하는 기업이며 그러한 가치를 고객에게 전달하는 방법을 알고 있습니다. 또 메가젠 제품에 대한 의견에 늘 귀를 기울이고 함께 서비스를 개선해 나가고자 노력하는 회사입니다. 메가젠의 애니릿지는 최고의 임플란트라고 생각합니다.

– 오스카 알폰소(Oscar Alonso)

2014년 스위스에서 열린 메가젠 컨퍼런스에서 처음 만난 이후, 뉴욕, 모스크바 등 세계 여러 나라에서 만났던 많은 시간 동안 늘 환영받는 느낌을 주었습니다. 박광범 박사는 외견상 조용하고 수줍은 듯 보이지만, 실은 내면에 놀라운 결단력과 비전, 탁월한 능력과 지치지 않는 추진력이 숨어 있습니다. 10년 이상 그의 주변 사람들 대부분이 한결같았다는 것은 그가 놀라운 리더십을 지니고 있고, 그가 세계를 아우르는 브랜드와 팔로워를 구축했다는 사실을 증명해 준다고 생각합니다.

– 코라이 패런(Koray Faran)

몇 년 전 한국 메가젠 공장을 방문했을 때 박광범 대표를 처음 만났습니다. 저는 그가 치과 의사였고 추상적인 개념보다 임상적 필요에 기반하여 임플란트를 개발했다는 사실에 깊은 인상을 받았습니다. 늘 새로운 아이디어와 제안에 경청하고 다른 사람의 의견에 주의를 기울이는 그의 겸손함과 넓은 수용성에 기쁨을 느낍니다.

— 마우로 라반카(Mauro Labanca)

저는 오스트리아에서 열린 키스 심포지엄에서 처음 박광범 박사를 만났고, 당시 저는 독일의 '지방'에서 온 '말단 고객'이었음에도 불구하고 박 박사는 많은 시간을 할애하여 저와 이야기를 나누었습니다. 그런 대기업의 CEO가 최종 고객의 말에 귀를 기울이는 시간을 갖는다는 사실에 매료되었습니다. 어떤 경쟁자도 보여주지 않는 미덕이죠. 거의 5년이 지난 지금도 박 박사도 좋은 관계를 유지해 오고 있다는 사실은 매우 신나는 일이고, 이 점을 매우 칭찬합니다.

— 마누엘 왈드메이어(Manuel Waldmeyer)

메가젠 제품은 여러 면에서 다른 브랜드와 차별화됩니다. 그중 혁신적인 관점과 임상 친화적인 옵션이 가장 중요한 브랜드 특성입니다. "모두에게 적합한 하나의 플랫폼"이라는 애니릿지의 철학은 그것이 얼마나 사용자 친화적인지를 보여줍니다. 메가젠은 임상의의 말을 경청해 지속적으로 제품을 혁신하고 개선하는데, 그 점도 훌륭하다고 생각합니다.

– 브루노 레이타오(Bruno Leitao)

박광범 박사는 치과 의사이자 자신의 회사의 CEO이기도 합니다. 그는 우리가 진료에 필요한 것이 무엇인지에 대한 아이디어를 가지고 있으며, 임상적 성공을 얻기 위해 일부 프로토콜을 단순화하는 방법에 정확히 초점을 맞췄습니다. 그와 그의 스태프들과 직접 이야기하고 설명할 수 있는 것은, 우리의 일상 업무를 개선하는 데 매우 중요하고, 메가젠 입장에서도 실수를 줄이고 의심을 해결해주는 좋은 방법이 될 것입니다.

– 캐롤리나 렌치(Carolina Lenzi)

마치며

100년 기업
메가젠을 기대하며

메가젠은 이제 스무 살이 갓 넘은 청년입니다. 한 기업이 창업 후 100년의 수명을 넘긴다는 것은 실로 대단한 일이 아닐 수 없습니다. 박광범 대표는 어느 인터뷰에서 2030년이 되면 경영은 후계자에게 물려주고 치과 의사로 다시 돌아가겠다고 했습니다. 박광범 대표가 건강을 유지하고 왕성한 기업가 정신을 발휘하면 앞으로 7년 정도는 충분히 메가젠을 성장시키고 발전시켜 세계적으로 차별화된 임플란트 회사로 만들 것입니다. 경영 수치상으로는 매출 1조 원 기업을 키워 놓을 수 있겠죠. 앞으로도 메가젠이 계속기업으로 영속하기 위해서는 몇 가지 핵심 과제를 지금부터 실행해 나가야 할 것입니다.

첫 번째는 경영 후계자를 육성하는 일입니다. 이것은 모든 과제에 우선해야 하는 최우선 과제입니다. 앞으로는 박광범 대표와 같이 최고경영자 1명이 경영에 대한 모든 의사결정을 할 수 없을 것입니다. 다양한 시장과 전문 분야를 지금처럼 1명이 의사결정 할 수 없기 때문입니다. 집단지성 형태의 공동경영 체제가 필요합니다. 연구개발 분야를 위시해 생산, 영업 등 각 분야에 전문성을 갖춘 임원을 지금부터 육성해 공동 의사결정 시스템을 프로세스화하고 훈련해야 합니다.

두 번째는 본부장, 팀장들의 리더 역할 행동 혁신입니다. 지금까지는 박광범 대표가 마케팅, 영업, 생산, 연구개발, 경영지원 등 각 분야의 과제를 본부장, 팀장에게 부여하고 실행을 코칭하며 성과를 창출하게 했습니다. 그러다 보니 어쩔 수 없이 박광범 대표 의존도가 높아질 수밖에 없었죠. 하지만 앞으로는 경영의 각 기능이 세분화되고 업무의 전문성이 더욱 높아짐에 따라 아무리 유능한 사람도 CEO 혼자서 모든 것을 챙길 수가 없습니다. 따라서 각 본부장들은 본부의 대표 역할을 하고, 역할 행동도 상사가 아닌 리더에 맞게 해야 합니다. 그래야 하위의 팀이나 개인들이 자율책임 경영을 실현할 수 있습니다.

메가젠은 그 어느 기업보다 영업의 범위가 넓습니다. 대한민국 각 지역을 비롯해 전 세계를 무대로 일하기 때문입니다. 헤드오피스와 물리적으로 떨어져서 근무해야 하는 형태이기 때문에 더더욱 예전의 상사 중심의 업무관리는 불가능합니다. 그래서 더더욱 하위 조직과 구성원들이 자율적·자기완결적으로 일해야 합니다. 본부장, 팀장들은 업무지시자가 아니라 성과 코치 역할을 하며 구성원의 역량을 향상시키는 데 시간을 쏟아부어야 합니다. 앞으로는 그것이 바로 혁신이고 미래를 위한 최선의 준비이기 때문입니다.

세 번째는 팀원을 부하직원이 아니라 자신의 역할에 대한 성과책임자로 변신시켜야 합니다. 조직 관리자가 구성원을 지켜보고 관리하고 감독하는 시대는 끝났습니다. 실무자들 역시 상사가 시키면 시키는 대로 일해서는 안 됩니다. 그런 조직은 미래가 없습니다. 구성원 한 사람 한 사람이 회사와 합의한 역할과 책임을 자율적으로 경영할 수 있는 성과책임자로 거듭나야 합니다.

지난 25년 동안 대한민국의 수없이 많은 오너 경영자, 전문 경영인을 봐왔습니다. 그 수많은 경영자 중에서도 박광범 대표는 얼마 전에 타계한 일본의 '3대 경영의 신'이라고 하는 이나모리 가즈오와 감히 비견할 정도로 탁월한 경영자라고 생각합니다. 도덕적·윤리적으로 철저하고, '예측 경영'으로 대표되는 자신만의 경영 컬러를 분명히 가졌습니다. 인간에 대한 무한한 애정을 역시 경영자로서 충분히 본받을 만한 귀감이 된다고 생각합니다.

제가 이 책에서 박광범 대표를 너무 과대평가한 것 아닌가 하는 분도 있을 것입니다. 하지만 저는 오히려 소개가 부족하다고 감히 생각합니다. 3년 가까이 여러 방면으로 다양하게 검증한 결과, 오히려 필자인 제가 박광범 대표의 진면목을 제대로 보여주지 못한 것 같아 걱정됩니다. 그만큼 훌륭한 경영인이라고 확신합니다.

군림하지 않고 직접 필드를 누비면서 '최고의 영업사원'으로서 활약하는 최고경영자를 만나보기란 정말 어렵습니다. 박광범 대표는 끊임없이 경영 기법과 방법을 연구하고, 그것을 현업에 적용합니다. 어떻게 하면 더 좋은 회사를 만들까, 진정으로 인간 중심의 경영을 할 수 있을까 밤낮없이 고민합니다. 사람을 귀중히 여기는 일에 점점 더 각박해지는 경영자들에게 메가젠의 지속적인 성장과 발전의 이야기는 큰 힘을 주고 귀감이 될 것입니다. 경영 컨설턴트로서, 성과 코치로서 저는 참으로 오랜만에 경영에 대해 밤새워 토론해보고 싶은 기업과 경영자를 만났습니다. 진심으로 감사합니다.

퍼스트 펭귄의
세계 정복

저는 영화 '글래디에이터'의 오프닝 배틀을 볼 때마다 가슴이 떨립니다. 이 영화는 아우렐리우스 왕의 시대, 서기 2세기가 배경입니다. 아우렐리우스는 이 전투를 마지막으로 사망하지만 로마의 가장 넓은 땅을 확보하고 오현제 시대의 마지막 황제로 남죠. 아이러니하게도 그 후로 로마는 쇠퇴하기 시작합니다.

제가 이 영화의 도입부를 좋아하는 이유는, 전투를 준비하는 이들이 가진 '신뢰와 믿음'의 메시지가 강력하기 때문입니다. 저는 이 영화에서 3가지 교훈을 얻을 수 있었습니다.

첫 번째는 '존중, 믿음'의 힘입니다. 조직에 대한 믿음, 리더에 믿음이 있다면, 혼자서는 할 수 없는 일을 함께 가능한 것으로 만들 수 있습니다. 두 번째는 '전략'의 힘입니다. 이 영화의 주인공인 막시무스 장군은 이기기 위한 전략을 세웠지, 지는 전쟁은 생각지도 않습니다. 세 번째는 '시스템'의 힘입니다. 로마가 지금의 유럽과 중동, 북아프리카까지 드넓은 영토를 확장하고 그들의 문화를 전파할 수 있었던 것은, 개인적 기량이나 우수함 때문이라기보다 로마의 탁월한 조직 시스템 덕분이라고 생각합니다.

마르쿠스 아우렐리우스 황제와 막시무스 장군은 우연히 이긴 것이 절대 아닙니다. 한 번의 승리는 우연일 수 있지만 계속된 승리에 우연은 없습니다. 우리가 함께 도전하고 성과를 만드는 것, 이 또한 전쟁과 다름없습니다.

메가젠은 적당히 많이 팔아서 넉넉히 돈 버는, 그런 좋은 임플란트 회사 중 하나로 남고 싶지 않습니다. 환자, 의사, 회사는 물론이고 나아가 사회를 위한 회사가 되길 바라고, 그 모든 것을 아우르는 시스템을 갖추고자 합니다. 제 기억으로 세상에 아직은 그런 임플란트 회사가 없는 것 같습니다. 그래서 더욱 그런 회사를 만들어나가고 싶습니다.

저희는 조금 더 잘하려는 노력이 아니라, 아예 이 세상에 없는, 가장 높은 경지를 추구합니다. 그동안 메가젠은 많은 성과를 거두었지만, 앞으로 로마처럼 임플란트 제국을 통일하려면 더 크고 도전적인 목표를 향해 달려가야 할 것이고, 그것은 메가젠만의 올바른 방식이어야 합니다. 지금 메가젠의 구성원은 700여 명이지만 수천 명, 수만 명이 될 때까지 가야 할 길이 멉니다. 그러나 우리는 머지않아 반드시 세계 1등이 될 것이고, 글로벌 임플란트 시장의 지배자가 될 것입니다. 과거 로마 제국이 세계를 정복하며 걸어갔던 것처럼 말입니다.

수많은 펭귄무리 가운데에서 망망대해를 향해 맨 처음으로 몸을 던지는 펭귄을 '퍼스트 펭귄'이라고 부릅니다. 메가젠은 퍼스트 펭귄의 마음으로 인간을 향한 깊은 애정을 갖고, 미래와 세상을 향한 이상을 품고 바다로 뛰어들었습니다. 쉬운 길과 타협하지 않고 우리만의 올바른 길을 찾아 당당히 섰습니다.

저는 제가 하는 일에서 어떤 시대적 소명과 과제를 가지고 있는가를 항상 생각합니다. 우리의 '삶'은 매일, 매주, 매월, 매년이 새로운 도전이고, 인과적 실행을 통해 해결해야 하는 '문제'의 다른 이름입니다. '일'은 나 자신의 존재를 증명하고 진화시키는 필수도구입니다. 사람은 일을 통해 문제를 해결하고, 그 과정에서 자신의 존재 목적을 인식합니다. 그리고 거기에서부터 성장하고 발전하고 진화해 나갑니다. 자신의 시대적 소명과 과제가 무엇인지를 늘 생각하는 사람은 뜨거운 열정과 과감한 용기로 단단히 무장하고 행동으로 증명해 냅니다. 어떻게요? 바로 '메가젠처럼' 말입니다.

마지막으로 저를 대신해 메가젠임플란트를 알리려 노력해주신 류랑도 대표께 지면을 빌려 감사의 마음을 전합니다. 사실 저는 별로 대단한 사람이 아닙니다. 다만 훌륭한 부모님과 가족들 속에서 나보다 남을 먼저 생각하는 교육을 받았고, 옳지 않음을 부끄러워하는 기본을 지키려고 노력해온 덕분에 이렇게 조금씩 결실을 거두었고 또 만들어갈 수 있는 것이 아닌가 생각합니다.

메가젠을 일궈온 지난 시간 동안, 때로는 친하다고 생각한 동료들로부터 비난받기도 하고, 억울한 일들을 겪으며 가슴을 태운 순간들도 많았습니다. 돌이켜보면 어쩌면 서로가 가진 '다름'을 이해하지 못한 제 탓이었는지도 모르겠습니다.

메가젠이 세상에 나온 지도 어느덧 스물 하고도 한 해가 되었습니다. 저 역시 환갑이 지났지만, 오늘도 매일 새로운 것들을 배우느라 바쁜 하루하루를 보냅니다. 어쩌면 배우기만 하는 것은 쉬운 일인지도 모르겠습니다. 저는 제가 배우고 익힌 것을 다른 이들에게 전하고 나누려다 보니 이중으로 더 바쁜 것도 같으니까요.

그러나 지금은 참 재미있습니다. 글로벌 리더가 될 젊은 치과 의사들을 만나 제가 가진 것들을 나누어주고 격려하는 것도, 회사 구성원들과 메가젠의 미래를, 그들의 성장을 이야기하며 더 큰 꿈을 가지도록 격려하는 것도 즐겁습니다. 또 무엇보다 1주일 2번 병원 진료를 하며 저의 오랜 환자분들과 지난 시간을 이야기하며 노닥거리는 것도 제겐 큰 기쁨입니다.

아직은 회사가 저의 재능을 필요로 하기에 2030년까지는 제 모든 에너지를 메가젠에 쏟을 참입니다. 저뿐만 아니라 메가젠 식구들 모두 '토탈 헬스케어 이노베이터'로서 자리매김할 수 있도록 치열하게 고민하고 최선을 다할 것입니다.

계속해서 사업 아이템들도 다변화하고, 메가젠만의 독자적이고 독창적인 아이템도 개발하겠습니다. 동시에 건강하고 바른 기업 문화를 구축하고 전파하려 합니다.

70세가 될 즈음의 어느 날, '때'가 오면 제 자리는 '능력자'에게 넘겨주고, 저는 병원으로 돌아가 제 오랜 환자들과 함께 건강하고 행복하게 늙어가고 싶습니다. 그때까지 메가젠의 글로벌 구성원들 모두 지금처럼 저와 뜻을 같이하면서, 세상에 대한 기여와 개인의 성장을 동시에 이루어낼 수 있기를 소망합니다.

부록 1

발광체 기업
메가젠임플란트 소개

메가젠임플란트는 2002년에 설립되었습니다. 이름처럼 치과용 임플란트가 주력 상품이고, 임플란트를 더욱 쉽고 정확하게 환자에게 적용할 수 있는 디지털 기술, 즉 임플란트 수술 전 과정을 3D로 시뮬레이션할 수 있는 세계적인 디지털 솔루션 'R2GATE'를 국내 최초로 론칭했습니다. 디지털 덴티스트리의 신세계를 연 회사라고 할 수 있습니다. 현재 대구 성서 5차 산단 내에 제1공장, 제2공장이 있고, 대구 알파시티 내에 R&D 연구소가 있습니다. 서울 사무소에는 글로벌 영업본부와 대한민국 수도권 영업본부, 마케팅실 등이 있습니다. 유닛 체어, 고품격 덴탈체어, 오프리케어까지 영역을 확대해 토탈 헬스케어 이노베이터로서 시장을 주도하고 있습니다. K-임플란트로 미국, 유럽 수출 1위(유럽 10년 연속, 미국 3년 연속 1위), 전 세계 임플란트 제조사로는 톱 10 안에 듭니다.

'한국인의 치아'를 위해 치과 의사들이 설립

미국과 유럽 수출 1위의 메가젠임플란트는 어떻게 창업하게 되었을까요? 시작은 바로 '한국인의 치아'였습니다. 한국인의 치아는 20대에 이미 서양인의 30대와 비슷한 정도로 마모된다고 합니다. 그 정도로 딱딱하고 질기고 거친 음식을 즐겨 먹기 때문입니다. 게다가 씹는 힘 역시 많이 필요해서 서양인 대비 평균 1.5배의 저작력이 필요하다고 합니다.

박광범 대표는 현업에서 치과 의사로 일하면서 한국인에게 수입 임플란트가 잘 맞지 않는다는 사실이 아쉬웠습니다. 고정력이 약한 데다 제작 기간도 오래 걸리고, 파절 문제도 적지 않았기 때문입니다. 그런 고민에서 한국인에게 잘 맞는 최고의 임플란트 시스템을 만들고 싶다는 의지와 욕심이 생겨났습니다.

공식적으로는 2002년에 메가젠임플란트를 설립했지만(박광범 대표는 현재도 수요일과 토요일 주 2회 대구 미르치과에 출근해 환자를 직접 진료하고 있는데, 미르치과 창업도 2002년입니다) 사실 임플란트 제조업체를 만들 생각은 1998년부터 했습니다. 박광범 대표가 국내 임플란트 스터디그룹 가운데 가장 활발한 모임에 참여하고 있을 때였는데, 그 모임에서 "미국, 유럽 임플란트 제품들이 한국인에게는 잘 맞지 않는다. 우리에게 맞는 제품을 만들어보자"는 얘기가 자주 나왔다고 합니다.

이후 2000년 미국에서 공부하고 있을 때, 박광범 대표는 엔지니어와 접촉했고 구체적인 창업 계획을 세운 뒤 지인들에게 투자를 요청해 7명의 창립 멤버로 메가젠임플란트를 시작했습니다. 설립 당시 투자자 72명 가운데 70명이 치과 의사였을 만큼 '치과 의사에 의한, 치과 의사를 위한, 치과 의사의' 브랜드라고 할 수 있습니다. 메가젠은 '크다'는 뜻의 Mega와 '진심 어린'이라는 뜻의 Genuine의 합성어로, 전 세계인의 '포 라이프타임 스마일'이라는 슬로건으로 '글로벌 토탈 헬스케어 이노베이터'라는 비전을 가지고 빠르게 성장하고 있습니다.

우수한 기술력과 노하우로 8개군 2,000여 종 이상의 임플란트 제품을 주력으로 생산하고 있으며, 그 외에도 치과에서 사용되는 유닛 체어를 비롯한 디지털 덴티스트리를 위한 소프트웨어와 체어사이드 솔루션까지 다양한 제품을 생산, 판매하고 있습니다.

코로나19로 인해 겪은 위기와 메가젠의 대처방식

해외거래 주요국인 유럽에 봉쇄령이 내려졌을 때, 메가젠 역시 영업 측면에서 어려움을 겪었습니다. 새로운 해외 거래처를 뚫을 수도 없었고 개척에도 어려움을 겪었습니다. 당연히 해외 수금에도 차질이 발생할 수밖에 없었겠죠. 생산 측면에서는 코로나19 초기에 대구에서 집단감염이 발생한 탓에 본사 공장 인력의 감염 우려가 매우 컸습니다. 해외 판매가 어려워져 판매량도 떨어지고 생산량도 낮춰 조정할 수밖에 없었습니다. 코로나19 집단감염이 대구에서 발생 후에는 매출이 반토막난 상태가 3개월이나 지속되었고 이로 인해 회사 분위기는 매우 악화되었습니다. 이런 상황에 메가젠은 어떻게 대처했을까요?

첫 번째로, 언론에서 대구 봉쇄령이 줄기차게 제기될 때 봉쇄를 대비해서 서울에 긴급하게 임시 물류창고를 마련했습니다. 메가젠 제품으로 수술 진행하는 병원들에 생길지도 모르는 문제를 최소화하기 위해서였죠. 서울에 핵심 아이템과 제품들을 약 3개월치 분량으로 준비했습니다.

두 번째는 고객사에 대한 방역사업을 시행했습니다. 국내에서는 메가젠의 고객인 의원이나 병원들은 말할 것도 없고 향후 미래 고객들을 위해서도 방역을 했습니다. 거래처 여부와 상관없이 방역을 요청하면 국내 영업사원들이 병원 방역에 앞장섰다고 합니다. 코로나19가 장기화되면서 병원별로 3~6개월 정도 지원했습니다. 병원 방역과 관련해 해외 법인과 거래처에도 한국의 방역 관련 상품들을 공급해 현지 고객인 치과병원 방역에도 신경을 썼습니다.

세 번째로 해외 고객들에게 수금을 독촉 없이 1년 유예해주었습니다. 메가젠은 수출이 주력인 기업이기 때문에, 해외 수금이 안 되면 어려움에 직면할 수밖에 없습니다. 나라마다 봉쇄령이 내려져서 수금이 쉽지 않았습니다. 그럼에도 코로나19 초창기, 메가젠의 주요 시장인 유럽의 상황이 더 최악이란 점을 고려해 자금에 대한 압박을 하지 않았습니다. "당신들의 건강이 우선"이라는 메시지 전달한 후 1년 정도는 아예 돈 달라는 요청을 하지 않았습니다. 이러한 메가젠의 배려를 해외 고객들은 감사하게 생각했고, 그런 고마운 마음 담아 3~4개월이 지난 후 입금을 하기 시작했습니다. 브랜드에 대한 신뢰와 감동의 경험을 선물한 셈이죠.

네 번째, 고용과 임금 수준을 그대로 유지했습니다. '망하더라도 멋지게 망하자', '놀더라도 회사에 와서 놀아라' 하는 마인드로 고용과 임금을 유지했습니다. 매출 제로 상태로 버틸 수 있는 시간은 10개월, 코로나19 초반 3개월은 매출이 반토막이었지만, 이후에 해외에서 수금이 되고 매출이 늘면서 다행히 위급한 상황은 모면했습니다. 집단감염 발생과 매출 반토막이라는 위기 속에서 단합하여 5~6개월이 지나자, 2021년에 드디어 1,000억 매출을 돌파했습니다.

다섯 번째, 자동화와 생산성 확대에 지속적으로 역량을 집중했습니다. 2021년에는 생산설비 확장을 위해 70~80억 원을, 2022년에도 100~120억 원 정도를 투자했습니다. 매출의 10%에 해당하는 금액입니다. 2023년 6월부터 가동할 수 있는 24시간 무인 작업이 가능한 기계를 준비하고 있습니다. 24시간 기계가 제품의 품질을 검사하고, 샌딩 등 표면처리도 해줄 예정입니다. 24시간 무인 작업이 가능하다는 것은 생산성 향상과 직결된다는 것을 의미합니다.

예전에 10억 원을 투입할 경우 회수에 3~4년이 소요되었으나, 24시간 기계를 돌리면 2년 뒤 회수가 가능합니다. 무인 자동화 설비에 대한 투자는 향후 매출 향상을 기대하는 목적도 있지만, 생산인력의 고령화를 고려하여 인력 부족을 대비하기 위한 것이기도 합니다.

메가젠의 자동화 설비 투자는 국내 경쟁업체(1, 2위 업체) 임플란트와 비교해서도 압도적인 상황입니다. 지속적으로 전문적인 자동화 설비를 고려하는 것은 메가젠이 유일합니다. 또 효율성을 고려해 도입한 로봇 3대 운영도 눈여겨볼 대목입니다. 서빙 로봇 2대와 물류 로봇 1대를 사용하고 있습니다.

여섯 번째로, 내부인력에 대한 투자입니다. 코로나19 위기 상황에서 동종업계에서는 이탈자가 다수 발생했는데 덕분에 메가젠은 전문성 있고 유능한 인재를 다수 채용할 수 있었습니다. 필요 인력보다 10% 정도의 예비 인력을 충원해 회사의 성장과 발전을 도모하고 있습니다.

메가젠의 남다른 혁신과 신제품, 신규시장

혁신과 솔루션은 메가젠의 핵심 철학입니다. "네버 스탑 이노베이팅(never stops innovating)"을 목표로 치과 임상에서 요구하는 문제 해결을 위한 솔루션을 개발하고, 신제품이 늘 출시되는 기업이라고 할 수 있습니다. 해외에는 아직 출시 전이지만 한국 기준 2023년 5월 전치부 솔루션인 아리 임플란트 신제품 론칭하였습니다. 일찍부터 역발상의 아이디어로 유럽 시장에 진출, 임플란트 종주국인 유럽과 미국에서 인정받았고, 인증받은 기술력 덕분에 다른 시장 진입에 수월하게 진출할 수 있었습니다. 이 모든 것은 지속적으로 특허와 인증에 집중한 결과입니다.

메가젠은 앞으로 기술력과 신뢰도를 바탕으로 인지도와 점유율이 낮은 아시아, 남미 쪽을 공략하고자 합니다. 인구가 많고 이웃 국가라는 점에서 확보된 신뢰성을 바탕으로 점유율이 낮은 아시아 시장을 공략하고자 하고, 중국 시장 대응도 미리 준비하고 있습니다. 미래 확장성이 높은 남미(멕시코, 브라질 등) 시장도 개척 중입니다. 국민들의 치아 상태가 대체로 좋지 않고, 이에 대한 교육이 필요한 상황임을 감안해 치료 과정의 오류와 실수를 줄이고 일정 수준의 치료를 기대할 수 있는 메가젠의 디지털 덴티스트리(소프트웨어+체어사이드 솔루션)를 진입의 열쇠로 삼아, 신규시장에 성공적으로 안착하기 위해 차근차근 준비하고 있습니다.

디지털 덴티스트리 최종 목적지 '원데이 임플란트'

임플란트를 식립하기 위해서는 짧게는 3개월에서 길게는 1년이 소요됩니다. 환자의 내원 횟수도 많고, 비용도 적지 않죠. 이를 해결하기 위한 솔루션이 메가젠의 디지털 덴티스트리입니다. 최소 내원, 최소 진료 시간, 빠른 회복의 중요성을 오래전부터 알고 이를 해결하기 위한 첫 도전이 R2GATE였습니다. 이후 출시한 'R2 체어사이드 솔루션'은 진일보된 디지털 시스템을 활용한 원데이 솔루션으로, 환자가 오전에 방문하면 구강스캐너로 진단해 오후에 템퍼러리 크라운이나 지르코니아를 이용한 세미 크라운까지 제작할 수 있습니다. 특히 제작 과정이 환자의 체어사이드에서 이뤄지기 때문에 시간을 절약할 수 있고, 디지털 치과 구현이 가능해집니다.

구성품으로 구강스캐너와 플래닝 소프트웨어(Planning S/W R2GATE), 덴탈 캐드 소프트웨어(Dental CAD S/W R2 CAD), 밀링기(BX5), 3D프린터(Meg Printer 2Q)가 있으며, 각 솔루션을 통해 서지컬 가이드, 맞춤형 지대주, 일체형 지대구, 임시 크라운, 세미 파이널 크라운 등을 제작할 수 있습니다. 3D프린터를 사용해 임시 크라운을 제작하는 심플 솔루션(Simple

Solution)의 경우 밀링머신을 사용해 세미 파이널 크라운을 제작하는 토털 솔루션(Total Solution)보다 1시간가량 시간을 절약할 수 있습니다.

이러한 소프트웨어와 장비의 역할은 '원데이 임플란트'를 구현해 저작기능과 심미적인 부분을 빨리 회복시켜주는 데 있습니다. 아직 완벽한 형태의 원데이 임플란트는 아니지만, 현재로서는 발치 즉시 식립과 임시 치아 수복이 가능한 수준까지 올라왔습니다. 메가젠이 디지털 덴티스트리 신세계를 열었다고 자평하는 부분입니다.

메가젠의 앞날

메가젠은 기업의 높이보다 기술의 깊이를 우선하는 기업이고, 사람을 우선하는 기업입니다. 그만큼 휴먼 파워에 집중합니다. 빠르게 가기보다 바르게 가기를, 남들이 가는 길보다 남들이 가지 않는 길을 선도하는 기업입니다. 메가젠이 바라는 미래는 '치과계에 혁신의 역사를 쓰는 기업, 장르를 만드는 브랜드'가 되는 것입니다. 결과적으로 치과 의사를 더 치과 의사답게, 숭고하고 건강하게 만드는 기업이 되고자 합니다.

'최고의 기술'이란 일관성을 위해 싸우고 언제나처럼 훌륭한 제품을 만드는 기업의 본질과 목적에 집중해 2030년 글로벌 토탈 헬스케어 톱 3 기업으로, 세계에서 가장 믿음직스럽고 안정적인 임플란트를 생산하는 회사라는 평가를 받으려 합니다. 전 세계 200여 개국에 임플란트, 제약, 장비, 소프트웨어 등 임플란트 치료에 대한 모든 것을 제공하는 탁월한 솔루션 기업이 되고자 합니다.

부록 2

세상에 없는 놀라운 아이디어,
메가젠 제품 소개

메가젠은 늘 세상에 없는 제품을 추구해왔습니다. 일반 치과 의사들은 생각지도 못한 탁월한 제품도 있고, 누구나 한 번쯤 생각은 해봤지만 미처 실행에 옮기지 못했던 아이디어들, 그래서 후발주자들에게는 아쉬움을 가득 안겨주는 '콜럼버스의 달걀' 같은 제품도 있습니다.

메가젠은 전 세계의 모든 사람이 혜택을 누릴 수 있는 범용적이면서도 싸고 튼튼한 임플란트 제품을 개발하기 위해 노력합니다. 이익 면에서는 아무도 관심 없을 제품이라도, 세상에 더 큰 행복을 주는 제품이라면 오늘도 수고를 아끼지 않고 개발합니다.

앞서 소개한 토마스 한 선생님에 의하면 미국 치과 의사들은 메가젠임플란트를 '씽킹 맨스 임플란트(Thinking man's implant)'라고 부른답니다. 환자를 직접 진료하는 사람이 만들었으니까 당연히 환자를 먼저 생각하고 치과 의사 지향적이라는 뜻입니다.

늘 머릿속에 '좀 더 새로운 무엇이 없을까?'라는 고민이 가득한 박광범 대표와 메가젠 구성원들이 세상에 내놓은 작품을 소개합니다. 기술에 대해서도 자세한 내용을 담아 전문가 여러분께 도움을 드리고자 합니다.

애니릿지
임플란트

산업통상자원부가 주관하고 대한무역투자진흥공사(KOTRA)
가 운영하는 공식 인증제도인 '세계일류상품'에 선정되었고
임플란트 종주국인 유럽에서 인정받은 디자인과 기술력을
모두 갖춘 메가젠의 시그니처 임플란트입니다. 2012년에 개
발돼 10여 년의 임상 데이터를 축적한 메가젠의 효자상품입
니다. 이름 그대로 어떤 형태의 악골 환경에서도 높은 초기
고정력을 얻을 수 있습니다. 기존 임플란트 제품과 비교했을
때, 몸체가 작고 끝이 날카로운 나사 모양입니다. 그래서 최
소한의 뼈만 삭제하더라도 부드럽게 들어가서 뼈에 고정이
잘 됩니다.

　게다가 세계 유일의 '칼슘을 증착한 표면처리' 기술을 채택
해 좋지 않은 골질(bone quality)에서도 뼈와 더욱 잘 결합되도
록 했습니다. 우수한 디자인과 표면처리 기술이 접목된 임플
란트로서, 미국과 유럽에서 K-임플란트 수출 1위를 달성하

는 데 가장 크게 기여한 효자상품이기도 하죠. 또한 세계적인 신뢰성 인증 어워드인 '클린 임플란트 어워드'를 7년 연속으로 받았습니다. 이러한 수상 기록은 국내에 유일무이합니다.

'하늘 아래 새로운 것은 없다'는 말처럼, 애니릿지 시스템 또한 누군가가 이미 개발한 것을 더 발전시키고 개선해서 만들었습니다. 티타늄을 이용한다는 것과 기본적으로 나사 형태라는 것은 비슷하지만, 기존의 임플란트는 환자가 가지고 있는 생물학적인 특성(biological characteristic)에 대한 고려가 부족했습니다. 즉, 애니릿지는 기존 임플란트에 환자의 특성이나 상태를 접목시킬 수 있는 방식입니다.

임플란트를 필요로 하는 환자들은 사람마다 상태나 특징도 천차만별이지만, 같은 환자임에도 부위에 따라서 골질이 상당히 다릅니다. 이러한 문제를 어떻게 해결하느냐에 대해 많은 회사가 고민했고 거기에 따라서 여러 가지 제품, 수술법 등이 개발되었습니다.

메가젠은 환자의 잇몸 상태를 시작점으로 잡고 "이러한 상태의 환자라면 어떤 디자인의 임플란트가 필요할 것인가?"라는 문제를 풀어가는 새로운 접근법으로 애니릿지를 구현했습니다. 접근방법이 다르다 보니, 처음에는 치과 의사와 환자들을 이해를 시키는 데 많은 시간이 필요했지만, 이제는 글로벌 스탠다드로 자리 잡았고, 적지 않은 회사들이 카피 제품을 따라 만들고 있는 상황입니다.

엑스피드 표면처리 기술

앞서 소개했듯이 애니릿지 시스템은 초기 고정력이 높고 뼈에 빠르게 유착됩니다. 표면처리, 디자인, 사용자 만족감 등에서 임플란트 종주국인 유럽을 중심으로 전 세계 임상가들에게 큰 인기를 얻고 있습니다.

그중에서도 메가젠 고유의 엑스피드 표면처리 기술은 기존 SLA(Sand blasted with Large grit and Acid etching) 표면처리의 고질적 문제를 해결했습니다. 임플란트를 만들 때, 중간 과정에 사용되는 강산(strong acid)의 잔류 가능성을 완벽하게 제거하기 위해 최종 공정에서 중화(neutralization) 처리를 합니다. 이 과정에서 애니릿지는 엑스피드 표면처리 기술을 적용했습니다. 엑스피드 표면처리의 원리는 이렇습니다. 중화 과정에서 픽스처(fixture) 표면에 골유착 속도를 증대시키는 칼슘(Ca) 이온을 화학적으로 반응시켜 0.5~0.7μm 두께의 '티탄산 칼슘 나노구조(Calcium titanate nano-structure)'로 강력하고 균일한 막(layer)을 형성시킵니다. 이러한 표면처리는 기존 수산화 아파타이트 코팅(HA coating) 임플란트 식립 시 표면 박리나 식립 후 코팅층의 흡수에 대한 문제를 해결해줍니다. 일반 수산화 인회석으로 표면처리된 RBM(Resorbable Blating Media) 표면 또는 SLA 표면처리보다 우수한 BIC(Bone-to-Implant Contact, 뼈와 임플란트의 접촉면으로 BIC가 높을수록 고정력이 좋다고 볼 수 있다)와 높은 리무벌 토크(removal torque, 임플란트를 제거하는 데 필요한 회전력) 값을 얻을 수 있습니다.

나이프 스레드 디자인과 맞춤형 드릴링 시퀀스

나이프 스레드는 칼날처럼 날카롭고 오목한 나사 형태를 말합니다. 이러한 형태는 단단한 뼈인 치조골 아래에 있는 단단하지 않은 뼈인 해면골(cancellous bone)의 고유한 뼈의 구조(architecture)를 손상시키지 않고 식립할 수 있게 해줍니다. 최적의 초기 고정력을 얻을 수 있고, 시간이 지나도 고정력이 줄어들지 않습니다. 그리고 하루 만에 임플란트 식립을 가능하게 해주는 디자인입니다.

최소 침습 드릴링 시퀀스(drilling sequence)는 애니릿지에 적용된 혁신적인 기술입니다. 임플란트를 심기 위해서는 뼈에 구멍을 뚫어야 하는데, 최소 침습 드릴링 시퀀스는 최소 사이즈의 드릴로 큰 직경의 임플란트를 식립할 수 있도록 사이즈의 순서를 안내해주는 기술을 말합니다. 환자마다 저작력(씹는 힘)과 골질이 달라서 기존 임플란트는 임플란트의 직경을 키워가면서 식립했습니다. 그와 달리 애니릿지는 최초로 몸체(core)와 나사(thread)의 개념을 분리해서 디자인했습니다. 그러면 뼈에 작은 구멍만 뚫어도 직경이 큰 임플란트가 견딜 수 힘을 얻을 수 있습니다. 즉, 환자의 뼈를 조금만 삭제하고도 임플란트 식립이 가능하다는 의미죠.

몸체는 저작력에 따라 5단계로 구성되어 있고, 나사의 깊이도 골질에 따라 4단계 중 선택할 수 있습니다. 환자마다 다른 저작력과 골질을 고려해 골질이 좋지 않더라도 높은 초기 고정력과 장기적인 저작력에 대한 안전성을 동시에 확보할 수 있습니다.

애니릿지는 초기 고정력의 중요성을 처음으로 세상에 알

린 임플란트 시스템입니다. 골질이 안 좋은 환자의 경우 기존 임플란트는 식립과 회복에 긴 시간이 필요했는데, 애니릿지는 그러한 한계를 극복했습니다. 회복기간을 줄이고 안정성을 높인 획기적인 시스템으로, 원데이 임플란트를 가능하게 만든 원천기술이라고 볼 수 있습니다.

블루다이아몬드
임플란트

블루다이아몬드 임플란트는 이름처럼 차원이 다른 최고급 임플란트입니다. '강한 임플란트보다 더욱 강한 임플란트'로 불립니다. 고령화 사회로 임플란트 저변이 확대되면서 기계적·생물학적 합병증도 증가하고 있는데, 그에 대한 장기적인 안전성 확보를 위해 개발되었습니다.

고령의 환자들은 뼈의 양이 많지 않고, 특히 한국인은 딱딱하고 질긴 음식을 즐겨 먹는 편이라 가장 작은 직경으로도 오래 버틸 수 있는 튼튼한 임플란트가 꼭 필요합니다. 그러한 목적으로 고안된 블루다이아몬드는 기존 임플란트 대비 2배 이상의 강도를 자랑합니다. 덕분에 전 세계 임플란트 시장에서 가장 강도가 높고 오래 쓰기로 유명합니다.

블루다이아몬드는 애니릿지의 특장점을 그대로 살리면서 임플란트 합병증에 대한 장기적 솔루션까지 함께 제공합니다. 최근 치의학에서 이슈로 떠오르는 것이 기계적·생물학적 임플란트 합병증입니다. 먼저 블루다이아몬드는 순수 티타늄으로 만들어져 생체친화적이고, 장기적으로 생물학적 안전성이 높습니다. 또 압축강도와 피로강도를 높여(기존 임플란트 대비 최대 200% 이상) 기계적인 안정성도 확보했습니다.

앞서 소개한 칼날 모양의 나이프 스레드 디자인과 셀프-태핑(스스로 파고 들어가는 나사 기능) 디자인은 어떠한 골질에서도 식립 즉시 우수한 초기 고정력을 확보합니다. 고령 환자의 경우 뼈이식 수술 없이 작은 임플란트를 심어도 씹는 힘을 충분히 견딜 수 있습니다.

블루다이아몬드는 디지털 가이드 수술에 최적화돼 있습니다. 디지털 시대 프리미엄 임플란트를 표방하는 이 제품은 8개 방향의 보철 위치 선택으로 정확성을 높였고, 디지털 기술을 적용한 깔끔한 체결감으로 시술 시간도 단축했습니다. 디자인 측면에서도 이상적인 비율을 유지하도록 설계해 심미적인 만족감을 높였습니다. 개발 초기부터 기능과 디자인을 모두 세심하게 배려해 오래 오래 사용할 수 있는 새로운 치아를 제공하는 데 목표를 두었습니다.

메가젠은 국내에서 유일하게 '클린 임플란트 어워드'를 수상했습니다. 이 상은 세계 수많은 임플란트 중에 품질이 우수한 회사에만 시상하고 있습니다. 실제로 이 상을 수상할 수 있는 품질을 가진 임플란트는 전 세계적으로도 극히 적다고 알려져 있습니다. 이처럼 받기 어려운 '클린 임플란트 어워드'에서, 블루다이아몬드 임플란트는 1년, 베스트셀러 애니릿지는 7년 연속 수상했습니다. 2개의 시스템을 인증받은 회사 역시 전 세계적으로도 드물다고 합니다.

아리 임플란트
(ARi, AnyRidge Incisor)

인사이저(incisor)란 치아의 전치부를 뜻하는 단어로 앞니, 즉 송곳니를 포함한 윗니 6개와 아랫니 6개에 해당합니다. 이런 전치부 치아를 상실한 환자에게 대체 치아로서 훌륭한 치료법이 임플란트입니다만, 고령 환자나 지병으로 인해 임플란트를 식립할 치조골이 없는 경우에는 시술 자체가 불가능했습니다. 환자는 뼈를 다시 만들어야 하는 시간을 포함해 1년 이상의 긴 시간과 큰 비용을 지불해야만 했죠. 치과 의사 역시 확실한 성공을 장담할 수 없고, 장기적인 유지·관리가 어려워 수술을 꺼리는 경우가 많았습니다. 이를 해결하기 위해 개발된 임플란트가 아리 임플란트 시스템입니다.

임플란트가 가장 많이 식립되는 구치부(어금니)는 치조골의 변화가 상대적으로 적어서 시술 후에 안정적인 결과를 얻을 수 있습니다. 하지만 상하악 전치부는 발치 후에 많은 변화가 일어나기 때문에 부작용과 실패가 많았고, 특히 치조골이

위축된 경우에는 임플란트 식립에 여러 어려움이 뒤따랐습니다.

아리는 고령이나 지병으로 잇몸뼈가 거의 없는 환자, 그동안 임플란트를 하고 싶어도 하지 못했던 환자들에게 임플란트 식립을 가능하게 해주었습니다. 또 뼈를 만들 필요가 없고, 빠르게는 두 달 내에 임플란트 시술을 완료할 수 있습니다. 환자들에게 희망을 준 가히 획기적인 기술인 셈이죠. 그동안 해결할 수 없었던 난케이스에 대응하는 마지막 솔루션이자, 인류의 더 나은 삶과 건강에 기여하고자 하는 메가젠의 최신 역작입니다.

아리는 그동안 당연하게 여겨왔던 '임플란트는 치조골에 식립해야 한다'는 고정관념을 버렸습니다. 기존 방식보다 더 좋은 결과를 만들기 위해 기저골에 식립하는 방식을 택한 것입니다. 수술에 대한 환자의 부담감도 줄이고, 시간이 경과함에 따라 나타날 수 있는 부작용과 합병증의 위험도 낮추었습니다. 치과 의사들 역시 예전보다 훨씬 편안하게 시술하고, 부작용에 대한 걱정을 덜었죠.

아마도 아리는 애니릿지 이후 시장으로부터 또 한 번의 의

심과 공격을 받을 수도 있습니다. 하지만 과거에도 그랬듯이 누군가는 기존의 관습을 타파하고 새로운 길을 제시합니다. 더 많은 환자가 저작 기능을 회복하고 다시 환한 미소를 찾을 수 있다면 메가젠은 항상 새로운 길을 갈 것입니다.

ANYRIDGE INCISOR
A NEW GAME CHANGER

A New Game Changer in **Anterior Atrophic Ridge**

강한 Joint
Stability

Soft Tissue
Friendly Design

Bone Volume 회복술
없이도 기저골로부터
강력한 초기고정력보장
Deep & KnifeThreads Design

Peri-implantitis 예방과
관리에 유리한 표면

Narrow Zone에서도
높은 강도 보장

Peri-implantitis의
확실히 예방

XPEED®
기저골에서의 강한 골융합력으로
치조골이 소실되어도
우려 없이 안정성 유지

Q 이와 같은 환자들이 편안하게 **전치부에 임플란트를 가질 수 있을까?**

No GBR로
한번 수술로 끝

강한 초기 고정력으로
Immediate/early loading이
가능하게

미래 발생 complication에
미리 대처 가능하게

Bone Loss가 발생해도
장기적 안정성 확보가 가능하게

극한의 어려움을 정말 쉽게! **Yes, ARi® can!**

N2
유닛 체어

메가젠은 2017년부터 사업 다각화의 일환으로 새로운 사업 아이템에 도전했습니다. 바로 치과용 의자인 N2 유닛 체어입니다. 치과 진료에 최적화된 인체공학적 디자인과 디테일로 치과 의사·위생사·환자를 모두 만족시키는 덴탈 체어로 호평받고 있습니다.

N2 유닛 체어는 디지털 시대에 걸맞게 43인치 대형 모니터를 최초로 적용해 치과 의사와 환자가 원활하게 상담할 수 있도록 했습니다. 인체공학적으로 설계된 유압 방식의 시트는 최상의 포지션을 제공하고, 다양한 옵션을 선택할 수 있어 진료의 질을 높여줍니다.

조금 더 구체적으로 설명하면 카트(cart) 타입과 마운트(mount) 타입을 선택할 수 있어 원하는 시야를 확보할 수 있고 공간활용도를 높여줍니다. 또 편안한 포지션을 만들어주는 등판과 싱글 쿠션 시트는 의사와 환자에게 최상의 접근성을 제공합니다. 헤드레스트는 2관절로 하악·상악·유아·휠체어 등 다양한 케이스와 환자 상황에 맞는 포지션을 정밀하게 조절할 수 있습니다. N2 듀얼 라이트는 일체형 무영등(한쪽의 빛을 막거나 간섭해도 다른 쪽의 빛이 진료 부위를 지속적으로 비춰 진료나 수술 시 손 또는 머리 움직임에도 그늘이 생기지 않는 조명)으로 옵션에 따라 3만~4만 럭스(Lux)의 밝기를 지원합니다.

석션 시스템은 성능을 무려 222%나 높여 흡입력이 한층 더 강력해졌습니다. 세컨어시(2nd Assi) 기능이 있어 스텝의 도움 없이도 석션이 가능합니다. 스텝이 없을 경우 1인 진료도 가능해진 것입니다. 닥터 테이블에는 여러 기구를 올려놓을 수 있는 추가적인 공간이 있고, 어시 테이블은 대형 석션, 소형 석션, 스리웨이 시린지 등 4개 홀로 널찍하게 구성되어 있습니다. 내장형 티슈 홀더가 매립되어 있어 테이블 관리와 위생 관리도 편리합니다. 게다가 '블루 케어 서비스'를 도입해 노후한 시트를 교체하거나 시트 컬러를 바꿀 수 있습니다. 체어를 정기적으로 관리해주는 서비스는, 업계 최초로 3년간 보증 수리를 해줍니다.

이미 많은 치과 의사와 종사자가 기능과 디자인 측면에서 이 제품을 칭찬하고 있습니다. "가격도 합리적이어서 치과를 확장하거나 다시 세팅하더라도 이 제품을 선택하겠다"는 리뷰도 많습니다. 박광범 대표는 N2 유닛 체어에 대해 이렇게 설명합니다.

유닛 체어는 지금으로부터 100여 전에 치과 치료 전용으로 개발되어 지금까지 꾸준히 발전해왔습니다. 치과에서 없어서는 안 될 필수 장비가 되었죠. 하지만 최근 20년 동안은 기술 발전의 정체기였다고 생각합니다. 메가젠은 기존 덴탈 체어에서 볼 수 없었던 새로운 기능들을 계속해서 개발하고 있습니다. 중장기 목표라면, (덴탈 체어 업계에서) 세계 최초로 자동화, 반자동화 생산라인을 구축하려고 합니다. 또 자동 품질 검사 시스템도 구축해서 세계적인 경쟁력을 확보하고자 합니다.

어쩌면 덴탈 체어 개발의 최종 목적지는 SF 영화에서나 볼 수 있는, 지금으로서는 황당하고 허무맹랑해 보이는 그런 모습일지도 모르겠습니다. 제가 꿈꾸는 미래의 모습은 환자가 의자에 앉으면 AI가 진단하고 치료 계획을 세워주는 것입니다. 치과 의사가 AI의 치료 계획을 컨펌하면 3D 프린터는 첨단 재료로 보철물(환자에게 필요한 기능과 심미를 가진 보철물)을 제작합니다. 그리고 그것을 구강 내에 장착해주는 거죠. 이 모든 일련의 과정들이 유닛 체어를 중심으로 한 최첨단 주변기기에서 이루어질 것입니다.

메가젠만의 디지털 치의학 프로그램 및 솔루션 R2GATE

메가젠은 2012년 임플란트 시술을 더 쉽게 할 수 있는 가이드 프로그램인 R2GATE를 세계 최초로 선보인 디지털 덴티스트리의 원조 기업이라고 할 수 있습니다. R2GATE는 환자의 데이터를 입력하면 자동으로 분석을 마친 뒤 최적화된 임플란트 종류와 시술 방식을 안내해주는 프로그램입니다. R2는 두 번째 혁명(Revolution) 또는 르네상스(Renaissance)를 뜻합니다. R2GATE는 환자의 CT와 작업모형 스캔 데이터를 병합해 정밀한 3D 하이브리드 이미지를 구축해, 실제 구강과 동일한 환경에서 진단하고 임플란트 모의 시술을 할 수 있습니다.

특히 흑백의 명암으로만 보던 CT 데이터의 색상을 256단계로 재구축해, 개인별로 상대적인 골질을 색상으로 객관화해주어 쉽게 판단할 수 있습니다. 메가젠임플란트는 R2GATE를 더 편리하게 사용할 수 있도록 지난 2016년 모바일 버전 'R2GATE 라이트(Lite)'도 출시했습니다. R2GATE 라이트는 PC버전이 가지고 있는 모든 진단 기능이 100% 포함돼 있어 환자와의 치료 컨설팅에도 매우 유용하게 사용됩니다.

R2GATE는 임플란트뿐만 아니라 교정, 양악까지 그 범위를 넓혀 궁극적으로 치과 의사가 계획한 수술을 그대로 시술할 수 있는 솔루션으로 자리매김하고 있습니다. 메가젠은 더욱 빠른 피드백과 확장된 서비스를 제공하기 위해 R2 디지털센터를 국내외에 구축했습니다. 해외에 115개소, 국내에 6개소, 총 121개소를 운영 중입니다. R2GATE 소프트웨어는 2019년 FDA(미국식품의약국) 승인을 획득했고, 국내는 물론 해외에서도 인기를 끌고 있습니다.

비말 교차감염 예방으로 치과 진료환경 개선, 프리 암 아르테오

구강 외 석션인 프리 암 아르테오(Free arm Arteo)도 메가젠의 야심작입니다. 프리 암 아르테오는 공기 중 부유물을 구강

외에서 직접 빨아들이는 방식으로 체어 사이드에서 발생하는 부유물을 99.9% 제거해 비말 교차감염을 예방할 수 있습니다. 프리 암 아르테오는 천장 고정형, 바닥 고정형, 이동형 등 3가지로 진료실 환경에 맞춰 선택할 수 있습니다. '천장 고정형'은 천장에 설치해 진료 공간 확보가 용이하며, '바닥 고정형'은 체어사이드에 직접 설치하는 방식으로 병원 신규 인테리어 시 적합합니다. '이동형'은 본체 안에 집진기 및 수퍼 바이오 필터(super bio filter)가 내장돼 별도의 설치 없이 사용 가능하다는 장점이 있지만, 고정형에 비해 공간을 많이 차지하고 용량이 작습니다. 또 프리 암 아르테오는 직접 터치하지 않아도 센서에 손을 가까이 대면 자동으로 온/오프 상태로 전환돼 위생적이고 편리합니다. 손에 의한 교차감염도 예방할 수 있습니다. 아울러 플렉서블 암(flexible arm)의 관절로 원하는 방향, 위치에 따라 자유롭게 조작할 수 있고, 흡입구에는 LED 램프가 내장돼 있어 보조등으로 활용할 수 있습니다. 코로나19 팬데믹 시기에 입을 벌리고 치료받는 치과의 특성상 내원 환자가 급격히 줄었을 때, 프리 암 아르테오는 오히려 코로나에 대응할 수 있는 효자상품으로 활약을 톡톡히 했습니다.

부록 3

박광범 대표
서면 인터뷰 주요 내용

1. 이 세상에 기여하고자 하는 미션과 비전은 구체적으로 무엇인가요?

보다 완벽한 임플란트를 만들어(창조해)내고, 이와 관련된 진단, 수술, 보철 기술들을 무한대로 향상시켜야겠지요. 소프트웨어도 하드웨어도. 궁극적으로는 지금의 치과 환경을 완전히 바꾸어 내고 싶습니다. 더 쾌적하고 고통이 적고, 훨씬 더 만족스러운 결과들이 누구의 손을 통해서도 동일하게 이루어지도록 하는 시스템?

지구상 70억 인구 중 절반 이상이 제대로 된 치과 치료를 받지 못해요. 저작이 건강에 미치는 중요성을 생각하면, 이들에게도 (정글이든 사막이든) 저작이 가능하도록 매우 보편화된, 또 쉽게 적용할 수 있는 저렴한 임플란트 시스템도 만들어주고 싶습니다.

2. 알려진 많은 다른 창업자들과 비교해서 본인만의 차별화된 특성이라면 무엇인가요?

현재도 진료를 이어가고 있는 임상가의 입장에서 제품을 개발하고, 향상시켜 나간다는 게 강점이기는 하지만, 다른 회사의 창업자들도 비슷한 경우가 많습니다. 차별이라면⋯ 책임감? 인간성? 조금 일찍 돈과 명예에 대한 허망함을 느꼈다고나 할까요? 일이나 성취에 대한 욕심이야 크지만 그것을 개인으로 돌리기보다는 공적인 자원으로 남기길 원했기 때문에 다른 그룹보다는 조금 더 나아지지 않았을까요? 미르도 그렇고, 메가젠도 그렇고⋯.

3. 동종업계의 다른 경쟁회사와 차별화된 경영 방식과 조직 관리 방법, 인사 관리 방법, 기업 문화의 차이에 대해 알려주시면 감사하겠습니다

겨우겨우 만들고 배우는 제게 이런 질문을⋯.

1. 경영 방식의 차이

경영이라 함은 회사를 이끌어나가는 방식이라는 거지요? 어떤 아이템에 집중하고, 어떻게 개발하며, 어떻게 영업하는가…. 올바르게, 정직하게, 맡은 바 책임을 온전히 다하는 책임경영! 이런 걸 바라는데 잘 안 돼요. 아시는 바와 같이.

아이템의 개발에서 영업, 그리고 수금 등 전반적인 흐름에 있어서의 역량이 많이 약해요. 결국 사람이고 조직 운영의 문제에서 해결이 되어야, 그 위에서 경영이 꽃 피울 수 있을 것 같은데… 대표 한 사람이 감당할 수 있는 폭이 정말 한계가 있음을 느낍니다. 그러다 보니 무엇이든 눈에 띌 때마다 지적하고, 해결해나가려고 애쓰고…, 방사형의 운영 방식이 생기고…. 언젠가 정말 능력 있는 분들과 신나게 한번 경영해봤으면….

2. 조직 관리 방법의 차이

자기 완결적 조직 운영?

R&R(역할과 책임)과 시스템에 의한 체계적인 조직 관리를 하고 싶습니다만, 아직도 초보적인 단계라고 생각합니다. 제 자신이 해당 업무에 대해 지견이 부족하다 보니, 위임을 하고 지침(제가 원하는 방향성)을 제시하지만, 항상 절반의 성공?

아직 그분들이 더 발전하지 않아서 그런지, 제가 그분들의 역량을 빠르게 캐치업 해서 신선함을 덜 느끼는지 모르겠지만…, 더 큰 위임과 권한을 주고 싶어도 늘 기존의 조직들을 잘 융화시켜 이끌어가지 못하고, 불협화음이 들리니…. 또 그 일부를 맡아서 할 수밖에 없어요…. 그 때문에 메가젠의 발전 속도가 더딘가요? 솔직히 남들은 어떻게 하는지 배우고 싶어요….

충직한 직원들이 성장해서 더 큰 역할을 능동적으로 맡아 이끌어 나갈 수 있을 때까지는 최대한 스스로 챙기고, 기대감을 낮게 유지하면서 기다려야겠지요. 유닛 체어나 연구소, 국내 영업과 같이 나름 재능을 보이는 조직에 대해서는 현재도 과감히 길을 열어주고 있습니다.

3. 인사 관리 방법의 차이

생각과 행동이 바른 사람을 뽑고, 교육과 실무 R&R(역할과 책임)을 숙지시켜주며, 상당 기간 스스로 재능을 보일 때까지 지켜봅니다. 사실 직접적으로 관심을 가지고 있는 일부 간부들에겐 그렇게 하지만 나머지 직원들에겐 특별히 관리하지도 못해요. 본부장이나 중간 간부들이 잘해야 하는데… 워낙 편차가 심해요. 지금까지는 정말 불충분한 유동성으로 인재 채용에 제약이 많앉지만 조금씩 좋아지고 있는 듯합니다. 업무 성과에 기초한 인사 평가 시스템을 만들고 적용하고자 하지만 아직도 이를 수치화시키는 능력이 부족해서 늘 원망을 삽니다. 현재의 전략은 10% 정도 잉여 인력을 두고 좀 더 강한 인성과 업무 교육을 시키면서 업무 성과를 바탕으로 우수 인재를 확보하는 것입니다. 좋은 환경과 남보다 더 나은 대우를 통해 상대적으로 우수한 인재를 선발하는 것도 현재 메가젠의 숙제입니다.

4. 기업 문화의 차이

회사의 모든 구성원들이 원칙을 만들 수 있기를…. 이들이 하나의 몸으로 구성된다면 다른 회사들보다 더 훌륭한 사회적 기여를 할 수 있기를…. 경쟁업체들과는 실력으로 승부할 수 있기를… 더티한 음해공작이 아니라…. 협력업체들과는 상생과 상호 발전이 가능하도록!

우리 회사가 영향력이 미치는 곳에는 항상 선한 기운이 퍼져나가기를…. 무작정 몸집만 키우기보다는 진정한 실력자가 될 수 있기를…. 열심히 일하고, 잘 놀고, 잘 살자! 다만 끊임없이 발전하자! 시니어를 공경하고, 주니어를 잘 살펴주자. 남녀 간 존중을 기본으로 건전한 양성평등이 될 수 있게!

4. 본인의 경영 브랜드를 한마디로 특징짓는다면 어떤 경영이라고 하시겠습니까? 그 이유는 무엇입니까?(현장 경영, 카톡 경영, 방사형 경영, 예측 경영 등)

CEO는 자신과 회사가 나아가고자 하는 방향에 대해 명확한 비전을 가지고 있어야 하며, 이를 함께 수행할 조직 및 조직원들과 그 방향과 속도에 대하여 실시간 소통할 수 있어야 합니다. 내외부의 리스크들을 예측하고 극복할 준비도 해야 하고….

모든 조직이 자기 완결형으로 운영된다면 최고의 경영을 하고 있다고 봐야겠지요. 그럼 CEO는 다음 단계의 구상에 몰두할 수 있겠지요. 현장 경영, 카톡 경영, 방사형 경영 등의 용어가 생긴 이유는 아직 조직의 성숙도가 CEO가 원하는 만큼 이루어지지 않은 탓에 이들과의 소통을 위해 만들어진 목적 지향적 일시적 경영 방법이라고 해도 좋겠습니다. 물론 CEO를 능가하는 조직이 만들어지고 운영되는 것이 가능하기 어려우므로 계속 반복될 가능성이 크지만…. '예측 경영'이야말로 CEO의 고유 능력이며 회사와 조직에 늘 일정한 긴장과 비전을 넣어주는 것이 필요합니다. 자신의 예측을 통해. 이것을 비전이라고 해도 좋겠지요?

5. 본인의 경영 방식에 영향을 끼친 사람과 내용을 1~3명 그 이상이라도 말씀해주신다면 누구신가요?

토마스 한 선생님 한국에 사는 한국 사람보다 더 한국스러운 따뜻함을 가진 분. 치과적인 숙제들을 넘어서 인생의 정도를 크게 가르쳐주신 분. 아직도 진행형! 뭔가 보답을 해드려야 하는데 늘 마음으로만….

류경호 원장님 30년 만남 속에서 늘 한결같이 바르고, 가치관이 뚜렷하신 분. 자신이 나설 때와 물러설 때를 분명히 알고, 주변과 후배들의 대소사에 꼭 참여하는 분. 제가 중요한 결정을 내릴 때마다 이분을 어떻게 생각하실까? 되묻게 되는 스승과 같은 분.

배용철 교수님 경북 치대 해부학 교수. 한평생 초지일관 연구에 매진. 한림원 회원. 경북 치대의 위상을 이 정도라도 유지하게 해주신 분. 제가 학교를 떠나도록 직접적인 조언을 주신 분. 전형적인 학자!

김영진 교수님 경북 치대 소아 치과 교수로 정년하시고, 제가 미르치과로 모셨는데(상임 고문) 얼마 전 암으로 타계하셨습니다. 소아 치과 교수였지만 제게 더 큰 영향을 주신 분입니다. 경북 치대 병원을 만드신 분이시죠. 학자이자 매우 청렴한 행정가라고 할 수 있겠습니다.

6. 20년 만에 나름대로 기업 경영을 성공적으로 이끌어 오셨는데 나름의 비결이 있다면 무엇인지 알려주시면 감사하겠습니다.

아직 성공이라고 할 수 없습니다. 지나고 나서 생각해보니 '모든 순간 육체적, 시간적, 재정적, 정신적으로 최선을 다했어야 했다'는 후회, 그로부터 다시 배우는 시간들이었습니다. 많은 외부적 요인들이 있었지만, 궁극적으로는 대표이사의 능력 부족으로 인해 어려움들을 겪은 것이었습니다. 더 현명하고, 더 조직적으로, 더 빠르게, 더 지속적으로 대응을 했어야 하는 것이었는데…. 욕심(목표?)이 크고 만들어내고 싶은 회사의 위상과 모습에 대해 나름 그림들을 그리고 있었기에 때(인재, 시장, 사내 조직)가 왔을 때마다 즉시 물꼬를 틔워주었습니다. 그런 작은 몇 번의 성공이 다소의 자신감으로 긍정적인 에너지를 부여해준 듯합니다. 작은 실패에 실망하거나 좌절하지 말고, 잘될 때까지 계속 반복해야! 성공은 한 번에 우연히 찾아오는 것이 아니다. 사람이든 기술이든 결국 들인 정성과 시간만큼 얻어지는 것이다. 물론 안 되는 경우도 있지만… 그래도 또다시!

7. 고객에 대한 마케팅 전략의 핵심은 무엇입니까?

– 제가 느끼는 것을 고객들 또한 똑같이 느낄 수 있기를! 내 손에서 이루어지면 누구의 손에서도 이루어질 수 있다!

– 고객들이 가지고 있는 문제점들을 함께 몸으로 느낄 수 있기를! 그들의 어려움을 해소하는 것이 결국 제품의 개발과 개선으로 연결된다.

– 공감(empathy) – 나눔(sharing) – 도전(challenge)과 개발(development) – 경청(listening)으로 연결되는 마케팅 업무의 철저함이 승부를 가르는 것이라 생각합니다. 다행히도 고객이 행하는 진료와 같은 영역에서 호흡을 함께 할 수 있어서 좀 더 쉽게 공감대가 만들어질 수 있는 듯합니다.

– 큰 가능성이 나의 편협함으로 인해 무시되거나 사장되지 않기를 조심하고 있습니다.

8. 향후 기업 경영의 핵심 성공 요소는 무엇이라고 생각하십니까? 그 이유는 무엇이라고 생각하십니까?

미래에 발생할 기술 패러다임의 변화가 가져올 진료환경의 혁신을 예측해내고 그 속에서 핵심적인 요소가 무엇인지 파악하는 것입니다. 그리고 이를 만들어내기 위한 계획을 수립하고 적시에 달성할 수 있도록 추진하는 것입니다. 아마도 모든 기업 경영자들이 이렇게 하고 있지 않을까요? 미래 비전 – 인재 육성 – 투명 경영…. 이 3가지가 중심이 아닐까 합니다. 초격차의 기술 선도 역시 얼마나 큰 미래를 손에 잡힐 듯 명확히 읽어낼 수 있는가가 핵심이겠지요. 그다음은 CEO의 의지로 만들어낼 수 있다고 봅니다.

9. 본인 생각하는 글로벌 임플란트 업계의 10년 후 미래모습을 예측하신다면?

– 보편화(대중화), 저가화 : 더 많은 중소 임플란트 회사들이 등장하지만 치열한 저가 공세로 겨우 생존한다.
– 더욱 활발한 M&A : 기술과 자본 우위 기업이 작은 회사들을

인수 합병하고 시장 장악을 추구한다.

– 디지털 기술의 비약적 발전으로 시술의 정확도가 더 높아지
고 일반화된다(AI, CAD/CAM, CT 등).

– 티타늄이 가지는 한계성에 도전하는 새로운 재료를 찾는 도
전…. 쉽지 않을 듯.

– more customized designs of implant & restorations(from round
shape to eliptical or liberal shape).

10. 사업을 시작하면서 유럽이나 미국을 먼저 공략하셨는데 특별한 이유라도 있는지요? 향후 글로벌 공략 타겟은 어느 곳인가요?

임플란트 비즈니스를 제대로 하려면 Global Tier 1 Group과 경쟁해서 살아남아야 한다는 무모한 생각을 했습니다. 뚫기 어려운 시장을 열어나가느라 시간과 노력이 훨씬 더 들었습니다. 국내 마켓의 저가 추세도 이러한 경쟁에 영향을 주었습니다. 중국, 러시아, US 등의 국가에서는 유럽과 미국에서 소기의 성과를 이루면 자연스럽게 시장이 열릴 것이라고 생각했습니다. 반은 맞았고, 반은 생각과 달랐습니다. 다행히도 늦게 돌입한 중

국과 러시아 등에서도 꾸준히 성장을 이어가고 있습니다. 다음 타깃은 당연히 중남미이고, 인구가 많고 저개발 저임금 국가들로도 확대해 나가고자 합니다.

11. 글로벌 임플란트 회사로 성공하기 위해 가장 역점을 두고 있는 분야는 어느 분야입니까?

당연히 임플란트 그 자체의 개발과 향상입니다. 아직도 임플란트는 상대적으로 부유한 지역과 사람들에게 제한되어 있습니다. 그 분야(영역)를 확대시키기 위해서는 해야 할 일들이 매우 많습니다. 치과의 환경 자체를 바꾸어야 합니다. 저렴하면서도 효과적인 진료가 가능한 환경과 장비, 도구 등이 더 개발되어야 합니다. 하나씩 꾸준히 해나가야죠. '정글에서 임플란트하기 프로젝트!' 시간이 걸리고 노력과 비용도 많이 들겠지만 의미가 큰 프로젝트가 될 것입니다.

12. 사업을 하면서 성공도 해오셨지만 실패한 부분도 있을 것 같은데 아픈 부분이지만 구체적으로 밝혀주실 수 있는지요? 그리고 이러한 실패나 시행착오를 통해서 얻으신 교훈을 말씀해주신다면?

전체적으로 보면 결국 CEO의 무지에 의한 리스크였습니다.

1. 사업의 시작단계

경험이 없었고, 겉으로 드러난 전망들과 외부평가에만 의존하였던 탓에 개발과 인증에 대한 소요시간과 예산의 절대 부족으로 저의 파산 일보직전까지 갔었습니다. 100% 남에게(직원들에게) 맡겨둔 안일함과 무지의 결과였습니다. 2004년 10월 파산까지의 시계가 한 달밖에 남지 않은 상태에서 기사회생!

2. 섣부른 IPO 시도

2007년 조금 나아진 실적과 증가하는 매출에 고무되어, 역시 경험 없는 IPO 요구를 수용했습니다. 당연히 실패! 이 시도의 실패로 인해 이후 2012년까지 경제적으로나 정신적으로나 매우 힘든 시기를 지나왔습니다.

3. 글로벌 대기업의 마수

2013년에 회사가 다시 성장을 시작하면서, 스트라우만의 마수가 뻗쳐 왔습니다. 싼 가격에 기업을 사냥하는 수순이라는 것을 알지 못하고 CB를 발행했습니다. 시간이 갈수록 그들의 약속이 바뀌어 나갔지만, 계약서 어디에도 이들이 말로 한 감언이설이 적혀 있지 않았습니다. 역시 무지의 소산! 문서의 중요성. 가장 나쁜 상황을 짚어야 하는 지혜가 부족한 탓이었지요.

4. 모함과 시련

2018년 지루한 스트라우만과의 법적 공방이 종료된 직후 서울 세관에서 '제보에 의한 압수 수색'과 '출국 금지' 조치가 내려왔습니다. 터무니없는 거짓말을 앞세웠지만 김앤장의 힘과 서울 세관의 압박은 초유의 경험을 하게 했습니다. 1년 만에 모두 불기소 혐의 없음으로 결론 지어졌지만 모함과 연루된 사람(회사)들은 아무런 패널티도 물지 않았습니다.

5. 인재 영입

전문 경영인, 해외 영업, 품질, 인사, 생산 등 많은 분야에서 임원이나 경력사원을 영입하였지만 기대에는 미치지 못했습니다.

자질은 있으나, 겸손하지 못하고 자신의 지식으로 모든 것을 처리하려고 하였습니다. 시스템적인 사고와 인재 육성 역량이 절대 부족하였습니다.

13. 조직 관리 방법을 방사형 직진 조직으로 가져가게 된 배경이 있나요? 장점과 보완해야 할 점을 말씀해주신다면?

장점 CEO의 관심이 모든 곳에 미치고 있다는 생각을 하도록 해서 본부장 등 간부들이 항상 챙기고 돌보아 항상성이 유지될 수 있습니다. 말단에서의 부당한 업무 내용에 대한 지적에 본부장 등 이사진 또는 중간 간부들의 대응 태도를 보면서 그 조직의 건강도를 평가할 수 있습니다. 지적에도 전혀 반응하지 않는 사람들이 꽤 있습니다. CEO가 원하는 전체 부서의 협력 또는 균형 이룬 발전 등을 비교적 쉽게 체크할 수 있습니다. 한쪽에서는 이미 저만큼 나아가 있지만 다른 쪽은 크게 못 미치는 경우 부서 간 소통이 원활하지 않으면 (대부분 그러하지만) 시간만 지체되고 사내 역동성을 크게 해치게 됩니다. 이런 부분이 빠르게 개선될 수 있습니다.

단점 시시콜콜 작은 점까지 지적해서 본부장 등 중간 간부들의 역할을 침해한다고도 하지만 이것은 문제가 되지 않으며 오히려 제대로 하는 인재를 눈여겨볼 좋은 기회가 됩니다. 다만 시간의 문제가 큽니다. 지속적으로 팔로우업이 안 되면 자체 조직의 컨트롤 시스템이 약해질 수 있습니다.

CEO가 미래 먹거리를 고민해야 하는데 이에 대한 준비 시간을 많이 침해받습니다. 하부의 조직도 작은 방사형 직진 조직으로 가동되어야 완전해질 것입니다.

14. 많은 사람들이 권한위임 경영이 중요하다고 하는데 나름대로의 권한위임 경영에 대한 생각은 어떻습니까?

직위에 부여되는 당연한 업무들에 대해, 또 당연히 권한위임이 되어야 한다고 생각하지만, 회사와 CEO의 목표 및 업무 스타일과 일치되지 않으면 대단히 위험하다고 생각합니다.

높은 직위의 임원들이 스카웃되어 올 때에는 특히 많은 대화를 통해서 CEO의 원하는 방향이 정확하게 전달되어야 하는데 저는 워낙 경험이 일천하다 보니 감히 언급을 하지 못했습니다. 그저 '잘 부탁드린다'고만 했습니다. 일부 임원들과 간부들은 역시 원하는 바 이상의 성과를 얻어내었지만 이 또한 시간이 경과되면서 사유화가 진행되곤 했습니다. 권한위임을 하기 위해서는 그 사람의 능력뿐 아니라 사고의 패턴, 조직에서의 충성도, 리더십(이건 능력의 범주), 미래를 향한 도전의식, 새로운 과제를 스스로 도출하고 도전할 수 있는 능력들을 종합적으로 판단해야 하고, 그 그릇의 크기에 맞게 단계적으로 권한위임이 이루어져야 한다고 봅니다. 일단 위임한 상태에서 두고 보자는 식의 방식은 매우 위험하고 거의 대부분 좋지 않은 결론으로 귀결되었습니다.

15. 본인의 리더십 스타일에 대해서 말씀해주시고 본부장이나 팀장들에게 강조하고 싶은 리더십이 있다면 말씀해주세요.

1. 기회를 주고 기다린다.

섣부른 코칭은 자칫 그 사람 고유의 능력을 끄집어내지 못하도록 방해할 수도 있다.

2. 일하는 방법, 일에 접근하는 방식을 관찰한다.

모든 종류의 일은 다 비슷하다. 어떤 업무든 그것이 경험에 누적된 일이건, 새로운 일이건, 자기에게 주어진 미션을 어떻게 바라보고 접근하는지 그 형식이 상당히 중요하다. 문제의 해결 능력!

3. 교육하고 코칭한다.

부족한 부분에 대해 지적해주고, 잘한 부분에 대해 encourage시켜준다.

4. 성과를 평가한다.

모든 본부, 모든 레벨에서 동일한 패턴의 리더십이 발휘될 수 있기를 소망하지만 많은 경우 그렇지 못합니다. 기본적 인간적 소양의 부족이 가장 큰 요인인 듯….

'담당 본부장이나 팀장은 자기의 업무, 본부의 업무에 대해 철저하게 이해해야 한다고 생각합니다. 당면한 일상적인 업무(daily work)를 잘 해내는 것은 기본이고, 단기, 중기, 장기로 향상되어야 할 건들을 숙지해야 합니다. 혁신을 스스로, 자기 부서에서 시작할 수 있어야 합니다! 따뜻한 인간애를 바탕으로, 몇 번을 반복하더라도, 팀원들의 역량이 커질 수 있도록 꾸준히 해야 합니다! 계속 연속될 수 있도록!

16. 전사 조회를 매월 직접 하시던데 이유가 있으신가요?

모든 임직원들이 회사 내외부의 동정을 알고, 이해하며 주인의식을 가지면 좋겠다고 생각했습니다. 사장이나 임원들이 어떻게 노력하는지 알리고 협조를 구하고, 회사의 상황도 설명하고….

가장 중요한 이유는 방사형 조직 운영과 마찬가지로 CEO의 메시지가 가장 하부조직까지 직접 전달되기를 바랍니다. 크지 않은 회사에 비밀이 없을 수 없고 한 가족 같은 구성원이라면서 '너는 몰라도 돼'라는 것들이 있어서도 안 되겠지요. 직원들에게 더 잘해주려는 노력들이 이해될 수 있도록 하고, 다소 미치지 못하더라도 그때를 위해 함께 노력하자는 호소도 담을 수 있고….

17. 영업이나 생산 분야에 페스티벌을 정기적으로 하시던데 이유와 효과에 대해 말씀해주시면 감사하겠습니다.

회사의 핵심은 '영업'과 '생산'이라고 생각합니다. 반면, 조직도 상에서 또 업무의 중요도 상에서 많은 경우 우선순위에서 밀리고 다소 무시당하기도 합니다. 이를 바로 세우고 영업과 생산 분야의 중요성을 일깨워 주고자 합니다. 이런 이벤트를 통해서 중간중간 자기의 발전 상황을 돌이켜보고 다시 더 큰 성장을 준비할 수 있도록 하고 싶었습니다. 향후 회사의 근본 방향을 '영업'과 '생산'에 방점을 두려고 합니다. 타 부서들도 중요하지만 궁극적으로 이 두 부서가 강하지 않으면 발전을 이룰 수 없다고 생각합니다. 지원 부서로서 이들의 능력이 극대화될 수 있도록 해야겠지요.

18. 요즘 ESG 경영에 대해서 너도나도 이야기하는데 어떻게 생각하시고 앞으로 회사에 어떻게 도입해서 전개하실 생각이신지?

ESG 경영이 강조되고 있다는 것은 역으로 그동안 기업들이 이런 내용에 대한 배려가 크게 부족했다는 의미인 듯합니다. 기업을 직접 운영하지 않는 일반인들이라면 그저 자연인으로서의 지구인이라면 당연한 조치들이라고 하지 않을까요? 단가를 낮추고 이익을 추구하기 위해 환경을 무시하고, 주변 사회와 구성원들을 억압하며, 비리가 많은 불투명한 운영을 하는 기업을 좋아할 사람은 없겠지요. 기업을 운영하는 입장이 되면 또 살아남기 위한 어쩔 수 없는 조치들이었다 하겠지만 이제는 더 물러설 곳이 없는 상황에 이르렀다고 봅니다.

메가젠에서는 이미 이런 활동들에 상당히 깊이 들어와 있다고 봅니다. 어떤 이벤트식의 보여주기가 아니라 생활 속에서 저절로 이루어지는 ESG 경영이 되어야겠습니다. 모든 생산과 유통의 과정에서 지구와 에너지를 고려하고 사내 구성원들과 마찬가지로 지역 사회와 커뮤니티에서도 주어진 역할들을 생각하고 실천하며 누가 파헤쳐도 투명하고 올바른 경영 시스템! 하고 싶고, 반드시 해내야 하는 가장 기본이 되는 경영 방침입니다.

19. 인재상과 인사 철학에 대해 말씀해주시고 채용의 기준, 승진의 기준, 평가와 보상의 기준, 함께 하기 어려운 사람의 기준에 대해 말씀해주세요.

1. 인재상

오래전부터 'ㅇㅇ답다'라는 말을 좋아했습니다. 모든 사람이 자기의 위치에서 다운 사람이 된다면 그보다 이상적인 조직이 있을까요? 사장답고, 임원답고, 부장답고…. 자기의 위치에서 책임과 의무를 다하며 스스로의 발전에도 게으르지 않는 메가젠인을 기대합니다. 보이는 곳에서나 보이지 않는 곳에서나….

2. 인사 철학

'다운 사람'들이 능력을 발휘한다면 당연히 그 위치 또는 대우가 합당하여야겠습니다. '다운'의 정성적 평가와 '실적'을 통한 정량적 평가가 객관적으로 이루어져야 하는데 참 쉽지가 않습니다. 또한 앞으로 맡을 더 큰 역할을 수용해내고, 발전시킬 수 있는 자질 또한 중요한 덕목입니다. '누구든 가능합니다만, 모든 사람이 다 이루지는 못한다.'

3. 채용 기준

우리 메가젠은 연구-생산-마케팅-영업-관리 등 전 분야에 걸친 업무들이 펼쳐져 있는 회사입니다. 올바른 생각과 태도를 가진 '다운' 사람이라면 그에 합당한 위치에 적절히 배치되겠지요. 지역 및 업계 최고의 대우를 해주기 위해서 늘 고민하고 있습니다.

4. 승진 기준

가급적 승진에 대한 조건들을 미리 명시하고, 이를 충족시킬 수 있도록 격려하고 있습니다. 능력급 승진에 초점을 두고, 과거의 승진 기본 연한 등의 장벽을 최대한 철폐하고자 노력하고 있습니다. 이제는 나이나 경력이 더 훌륭한 업무를 수행하는 기준이 되지는 않는 듯합니다.

5. 인사 평가 기준

'인간성, 리더십 + 성과, 비전'이 중심이 되기를 바랍니다. 편견 없는 객관적 평가를 늘 강조하지만 쉽지 않습니다. 회사의 방향성과 추구하는 가치를 잘 이해하는 것이 매우 중요합니다.

6. 보상 기준

기본적으로 지역 사회에서 최고의 일자리를 제공한다는 회사가 되길 원합니다. 아울러 회사의 실적에 따른 적절한 인센티브가 필요하다고 봅니다. 모두가 함께 이루어낸 실적이니 모두가 함께 우선 나누고, 또 일부는 가장 큰 기여를 한 분들께 지급이 되어야겠지요.

7. 함께 가기 어려운 사람의 기준

- 거짓말하는 사람

- 발전을 위한 열정이 없는 사람

- 조직의 융화를 해치는 사람

- 개인의 이익을 위해 회사에 손해를 끼치는 사람

20. '예측이 가능하고, 계획한 대로 이룬다'라는 생각을 가지게 된 계기나 배경, 언제부터 그러한 생각이 싹텄는지 궁금합니다.

혼자서 공부하고 일방적으로 가르치는 일들을 하다가 '조직'이 형성되고 이들과 함께 공동의 목적(주로 진료와 병원경영)을 위해 일하게 되었습니다.

몇몇 똑똑하고 총기가 있는 직원들은 내가 원하고 나아가고자 하는 방향을 잘 캐치하고 협조적인 시스템 내부와 성큼 들어왔지만, 많은 사람들은 우리가 함께 추구하고자 하는 이데아와 이를 위해 어떤 일을 어떻게 해야 하는지 도무지 이해하지 못하였습니다.

반성을 해보니, 결국은 리더라고 자칭하는 내가 그들에게 확실하고 분명한 메시지를 전달하지 못한 탓이었습니다. '이 정도 이야기를 하면 다 알아들었겠지?'라는 생각은 절대 부족한 혼자만의 생각이었습니다.

가장 먼저 나 스스로 진정 무엇을 원하고 있는가를 재확인해야 했습니다. 그리고 이것을 단순명료하게 줄일 수 있도록 몇 번이고 수정했습니다. 단 3개, 또는 5개로 축약할 수 있는 이야기를 그동안 몇십, 몇백의 다른 언어로 이야기하였습니다. 그러니 함께 하는 직원들과 원장들이 혼동할 수밖에요….

또 내가 추구하고자 하는 방향을 함께 만들어갈 '능력'을 가진 사람들이 누구인가 확인했습니다. 누구나 다른 장점들을 가지고 있으니, 필요한 곳에서 활약할 수 있도록 노력했습니다.

마지막으로 한 것이 하나의 슬로건을 만드는 것이었습니다. 제가 어떤 일을 시작할 때, 어떤 순서의 생각과 행동이 이루어졌는지 반성해보니, 가장 중요한 것이 '목표'의 설정이었습니다. 그저 '이렇게 하자'가 아니라 '그 목표가 달성되면 이렇게 된다'라는 반성의 그림을 그리고, 그것을 함께 일하는 동료들에게 설명하고, 설득하였습니다.

이것을 어떻게 표현할까…. 거기에서 공통되는 단어가 '예측'이었습니다. 단순한 꿈으로서의 목표가 아니라 주변의 활용 가능한 자원들까지 아우르는 단어가 '예측'이었습니다.

목표를 이루어내는 데 있어서 필요한 모든 것들을 '예측'하고 이를 바탕으로 세워진 '계획'을 순서대로 이루어나가라는 의미로 '예측이 가능하고 계획한 대로 이룬다'라는 문장이 미르치과 병원에서 먼저 만들어졌습니다. 이제는 메가젠임플란트가 더 잘 활용하고 있는 슬로건입니다만….

21. 과제나 프로젝트를 추진하면서 의사결정 할 때 비교적 당사자들의 의견을 충분히 듣기보다 생각하신 바를, 결정하신 바를 전달하다 보면 일방적으로 지시받는다라는 생각이 들지 않겠습니까? 결정하실 내용에 대해 본부장이나 팀장의 의견을 듣지 않는 특별한 이유라도 있으신지요?

당연히 많이 듣는 이야기입니다. 왜 우리 이야기는 듣지도 않고, 갑자기 뚱딴지같은 이야기를 쏟아내고는 진행을 하라고 하느냐…. 당사자들이 말이 틀린 바는 없으나, 어떤 프로세스를 거쳐 결정에 이르렀는지에 대해서 이해한다면 별 이견이 없을 겁니다. 실제로 새로운 프로젝트를 추진하면서, 설명을 하다 보면 이들도 대부분 이해를 하게 됩니다.

가장 큰 차이라고 하면, 업무를 바라보는 시각의 차이일 것입니다. 본인들은 각자 맡고 있는 업무에 국한되어 생각하는 반면, 회사 전체의 흐름을 보고 있는 나는 어떤 경우에는 무리수를 두더라도 패턴을 바꾸어야 할 필요가 있습니다. 단순한 장비와 인원의 증설, 증원에 있어서는 다들 쉽게 이해하고, 많은 경우 솔선수범하지만, 이와 같이 패러다임이 바뀌는 경우에는 익숙함을 버리기가 쉽지 않습니다.

처음부터 이를 공론화시켜 모든 부서와 당사자들의 의견을 수렴하는 것도 좋은 방법이지만, 우리 정도의 규모를 가지는 조직에서 그런 프로세스를 가지면, 업무의 흐름은 나빠지고, 구성원들끼리의 의견대립도 커지는 것을 여러 번 경험했습니다. 정확도보다 스피드가 중요한 현재의 메가젠에서는 이 방법이 더 효과적입니다.

물론 더 크고 글로벌한 스케일을 가지게 되면, 각 전문가 집단의 의견이 훨씬 중요해질 것입니다. 이 또한 "예측이 가능하고"라는 문장을 앞에 두고 생각하면 간단히 이해될 수 있는 이유입니다.

22. 본부장이나 팀장들에게 과제와 방향을 주고 나면 본부장이나 팀장들이 대표님께서 의도하는 결과물을 제대로 가져오는지요? 의도하는 결과물을 가져오게 하기 위해 사용하는 비법이라도 있으신지?

의도하는 결과물이 올 때도 있지만, 오지 않을 때가 훨씬 더 많지요! 당연히 화도 나고, 정해진 시간 내에 이루어야 할 프로젝트들이 지연되는 경우도 많습니다. 그래 봐야 나만 손해라는 생각이 들었습니다. "화내는 사람이 지는 거다!"

우리 구성원들을 폄하하는 것은 아니지만, 회사가 미래를 향해 도전적인 발걸음을 하는 데 있어서, 다소 능력이 미치지 못하는 분들이 있다는 것은 인정해야 합니다. 우리가 대기업도 아닌데, 엄청난 연봉과 보상을 줄 수도 없는 상황이라면, 지금 함께 해주고 있는 팀원들에게도 고마워해야겠지요!

방법을 바꿨습니다. 과제를 쪼개는 겁니다. 한 개의 문장으로 전체의 목표를 표현해서 지시할수도 있지만, 많은 경우 이 과정을 모두 이해하고 원하는 프로세스마다 만족스러운 결과물을 가지고 오는 사람이 얼마나 있을까요? 단계를 4~5개로 나누고, 작은 목표를 부여하는 겁니다. 훨씬 많은 팀장들이 원하는 결과물들을 가지고 왔습니다.

그런데 그게 끝이 아니라, 즉시 그다음 과제를 다시 줍니다. 그리고 또, 또, 또…. 그렇게 되면 팀장들이 되묻습니다. 처음부터 다 설명해주지 그러셨냐고…. 그렇게 말해주길 기다렸다고!

이 팀장은 한 문장으로 축약된 프로젝트를 수행할 능력이 생긴 것입니다. 그렇지만 나누어진 과제들 하나하나에도 버거워하는 사람들이 많습니다. 기다리고 또 기다리면서, 가르치고 함께 노력해갈 수밖에요! 미래의 장자방을 기다리면서!

23. 임원이나 팀장, 구성원들에게 일을 시킬 때 실행하는 사람들이 권한위임 받았다고 느낄까요? 아니면 지시받는다, 시키는 대로 한다는 생각이 들까요?

구체적인 일의 성격과 크기에 따라 다르겠지요. 지시하거나 부탁하는 나도 마찬가지고요. '이 부서의 일을 이렇게 하고 싶다', '이 프로젝트를 진행해서 이런 결과를 얻어내고 싶다'는 정도의 레벨에서 그 일이나 프로젝트가 만들어내게 될 과제의 종류와 크기를 가늠할 수 있는 사람이라면, 권한위임을 받았다고 느끼겠지요.

목표에 이르는 과정을 구체적으로 설명을 해줘야 함에도 완전히 이해하지 못하고 있다는 느낌을 주는 사람에게는, 프로젝트를 세분화하고, 하나씩 이룰 수 있게 합니다. 이런 상태에서는 당연히 지시받고 시키는 대로 한다는 생각이 들 것입니다.

24. 디지털 제품의 연구 방향과 향후 미래 모습에 대해 말씀 부탁드리겠습니다.

제가 치과 의사가 되었던 1980년대 중반과 비교하면, 지금의 치과 치료는 엄청난 양의 디지털을 입고 있습니다. 디지털이란 간단히 말하면 정량화, 반복 실현이 가능한 것이라고 할 수 있습니다. 앞으로의 디지털은 많은 분들이 이미 상상하고 있는 바와 같을 것입니다.

모든 디지털의 '연결'은 기본이 되겠지요. 아직까지 끊어져 있는 부분이 모두 이어지고, 연속적으로 목적하는 바가 이루어질 때까지 최단 시간에 완벽하게 이루어진다! 많은 분야에서 이미 이루어져 있으니, 상대적으로 중요도가 낮다고 생각하는 치과 의료에는 조금 늦게 도착할 것으로 생각됩니다. 하지만, 우리가 생각하는 것보다는 훨씬 빨리!

25. 치과 진료실의 미래 모습을 어떻게 그리고(visioning) 계신지요? 그러기 위해 앞으로 치과 진료 환경과 관련 산업들이 어떻게 혁신해야 한다고 생각하시는지요?

앞에서 말씀드린 대로 이루어져 나갈 것입니다. 다만, 산업의 발전에는 기술뿐만 아니라, 그 기술에 '가치'를 부여해주는 주체가 있어야 합니다. 신기술이 만들어내는 편안함과 정확도에 대해 기꺼이 그 대가를 지불할 수 있는 고객이 있어야겠지요. 2가지 방향의 세상이 늘 균형을 맞추고 있다고 봅니다. 하나는 이미 얻어진 안정된 기술을 누구보다 저렴하게 공급하고, 또 공급받고자 하는 방향이고, 다른 하나는 새롭게 창조되는 신세계에 기꺼이 지불하며 그 가치를 즐기려는 방향입니다.

경제적인 규모의 크기는 전자가 월등히 크지만, 꾸준히 다음 단계를 준비해 나가는 사람들이 있습니다. 세상은 이런 분들에 의해 더 나아지는 것이라고 생각합니다. 교육과 구강 보건의 향상으로 진료의 주 패러다임도 바뀌어가고 있습니다. 20~30년 전만 해도 치아우식증과 치주질환이 가장 큰 원인이 되었지만, 현재는 치아우식증의 비율이 훨씬 줄어들었습니다.

대신 수명이 길어져 치아를 장기간 사용하다 보니 거기에서 기인한 마모와 기능 장애들이 커지고 있습니다. 임플란트가 상실된 치아의 회복에 큰 역할을 해주고 있지만, 가까운 미래에는 임플란트의 필요성이 생성되기 전에 자연 치아를 더 오랫동안 유지해주는 기술과 함께 그런 진료에 필요한 진료 환경이 활성화될 것입니다. 하지만 한동안은, 아니 기본적으로 오랫동안, brushing과 flossing이 가장 중요하다는 것을 명심해야 합니다.

26. 영업 전략이 대단히 독특하신데, 이를테면 글로벌 관점에서 영업 권역을 나누고 국내 영업도 대한민국 영업 본부라고 칭하셨는데, 경쟁의 관점에서 앞으로 글로벌 영업 경쟁의 판도를 예상하신다면 어떻게 바라보고 계십니까?

전략이란 시점과 자원, 상태의 움직임에 따라 달라집니다. 우리가 대한민국이라는 장소에서 시작하였지만, 이제 어지간한 개도국으로는 모두 공급하는 글로벌 공급자(supplier)가 되었습니다. 아직 시장 점유율은 미미하다고 할 수 있지만, 제품의 구성이 경쟁사에 비해 부족함이 없고, 미래 발전성도 좋으므로, 글로벌 브랜드를 키워나가야 할 때입니다.

흔히 국내와 해외 영업으로 구분하고 있지만, 이제는 국내 영업의 관점도 글로벌 시각에 맞추어져야 한다고 생각합니다. 전 세계를 영역으로 구분하고, 대한민국도 그 영역의 중요한 한 부분임을 전제로 전략이 펼쳐져야 합니다.

한국 내 임플란트 회사들이 글로벌로 동반 도약하고 있기 때문에, 전통적인 강자들로부터 많은 경계를 받고 있습니다. 여기에서 섣불리 가격경쟁력으로 밀어붙인다면, 과거 국제적 경쟁력을 갖고 세계를 호령하였던 많은 산업들과 같이 소멸당할 수 있습니다.

특별한 분야의 기술인만큼, 기술경쟁력을 바탕으로 세계적인 강자들이 함께 겨룰 수 있기를 소망합니다. 메가젠은 당연히 그 길로 매진할 것입니다.

27. 인사제도 중에 다른 기업들과 아주 특이점이 있습니다. 그렇게 결정한 계기와 생각의 기준을 말씀해주시면 감사하겠습니다.

1. 직위별(사원, 주임, 대리, 과장, 차장, 부장 등) 단일임금제

제가 가장 싫어하는 것 중 하나가 똑같은 직무를 수행하면서 근무 연한이 늘었다고 봉급을 더 많이 받는 것입니다. 물론 나이가 들고, 가족이 생기고, 지출이 증가함에 따라 더 높은 연봉이 필요해지기도 하지만, 그런 이유가 있으므로 더 능력을 키우고, 과거보다 높은 수행력을 보여야 합니다. 적지 않은 중간 간부들이 저절로 상승하는 연봉보상에 만족하면서, 더 많은 책임이 요구되지만 그다지 연봉 차이가 많지 않은 상위 직급으로의 이동을 꺼려 하는 일종의 '태만'을 보였습니다. 이를 바로잡고자, 능력에 의한 승진만이 더 큰 보상을 받을 수 있는 기회라는 것을 인식시키고, 직급별 단일입금제를 도입하였습니다.

물론 매년 물가 상승보다 더 높은 기본 임금 인상에 있고, 성과에 따른 약간의 축하 격려금 등이 있지만, 이 모든 것을 종합하여 만들어지는 승진보다 클 수는 없습니다.

성장해나가는 회사에서 인재의 육성과 발굴, 기회의 부여라는 측면에서도 좋은 장점이 있습니다.

2. 비정규직을 없애고 정규직으로만 운영하는 이유

같은 회사, 같은 공간에서 함께 일하면서, 정규직들이 비정규직을 대하는 태도나 시선이 바람직하지 못했습니다. 비정규직 또한 직무에 대한 책임감이 상대적으로 부족하여 무단이탈과 불량이 양산되는 등 문제가 있었습니다. 정규직과 비정규직의 차이가 뭘까? 회사의 입장에서는 어떤 불이익이 있기에 비정규직을 남발하고 있을까 생각하였습니다. 약간에 금전적 지출의 증가, 그리고 회사에 부담해야 하는 사회보장 비용, 또 근로자에 대한 책임 정도가 전부였습니다. 이것들은 당연히 회사가 부담하여야 할 몫인데….

정규직에 대한 제안을 하였을 때 대부분의 비정규직 직원들이 의아해했습니다. 단순 반복 작업에서 벗어나 더 복잡하고 중요한 일을 수행해 달라고 했을 때는 당황해했습니다. 비정규직 직원들이 담당하던 단순 반복 작업 중 많은 부분을 자동화하고, 교육을 통해 더 상위의 업무를 부여하고 있습니다. 그것이야말로 우리가 나아가야 할 길이라고 믿기 때문입니다.

3. 생산직, 연구직, 일반 사무직의 직위 호칭을 통일한 이유 특히 생산직과 일반 사무직의 직위와 임금 체계를 동일하게 가져가는 이유

생산에서 기장, 기성 등의 직위를, 연구소에서는 선임, 책임, 주임연구원이라는 호칭을 쓰고, 일반 사무직은 과장, 차장, 부장이라고 했습니다. 한동안은 그것이 어떤 의미가 있고, 각자의 업무에 고유성과 특별함을 부여한다고 생각하여, 시행해 보았습니다. 별 의미가 없었습니다. 한편으로 생산직에 대해 다소 평가절하하는 듯한 눈치도 보였습니다.

수십 년 전 정말 단순하고 반복적인 작업만 하는 생산직과는 '차원이 다른 난이도의 생산 업무'들을 수행하는 과정을 통해 능력이 커지면, 커진 능력에 맞춰 즉시 직위를 올리고, 그에 따른 보상도 실시하였습니다.

당연히 기술직원들의 사기가 올라갔습니다. 제조를 기반으로 하는 회사라면 이런 조치는 기본적이어야 한다고 봅니다. 항상 균일하고, 불량품이 zero인 상품들이 만들어질 수 있는 기반이 이루어져야 모든 직원들이 자부심으로 어깨가 펴지겠지요?

28. 대표님께서는 향후 경영 후계자 문제에 대해서 어떻게 생각하시는지요?

아직은 건강한 편이지만, 나이가 들어가니 다소 걱정이 됩니다. 제가 가진 스펙을 모두 능가하는 후계자가 나타나면 가장 좋은 시나리오가 되겠지만, 엄청난 경쟁, 정말 치밀한 개발 계획, 문제가 생기지 않는 생산 라인과 영업, 시장의 개척 등등 모든 영역이 쉽지 않습니다.

큰 카테고리에서 후보자가 될성부른 사람들을 주목해서 보고 있습니다. 더 크고, 더 건강하고, 더 올바른 메가젠이 될 수 있게 리드할 수 있는 좋은 인재가 꼭 나타나리라 믿습니다.

29. 2030년 비전 달성을 위해 앞으로 경영 방식에서 혁신적으로 추구하시고 싶은 부분이 있다면 어떤 부분입니까?

2030년의 비전 달성이란 저의 편의상 설정해둔 것입니다. 그 시점에서 그런 모습이 되면 좋겠다는 저의 꿈이기도 하지만…. 이것이 달성되고, 또 앞으로는 더 큰 성장을 이어 나가기 위해서는 회사의 '습관'이 바뀌어야 합니다. 모두가 함께, 혁신을 생각하고, 빠르게 실천하면서, 반복적으로 성공을 이루어낼 수 있어야 합니다. 이것이 메가젠의 기업문화가 될 수 있기를 바라고, 또 노력해 나갈 것입니다. 인재의 발굴과 육성, 비전의 공유, 헌신적 근무에 대한 보상 등 많은 분들과 가르침이 절실할 때입니다.

30. 예전에 시도하셨던 IPO를 다시 신중하게 생각하실 텐데 IPO를 통해 기대하시는 메가젠의 발전된 모습은 어떤 모습입니까? IPO를 하시면 M&A 사냥꾼이나 펀드 집단 등이 경영에 대해 많이 관여하려고 할 텐데 어떻게 대응하시려고 하는지요?

2007년의 상장시도는 정말 어린 아이의 치기 어린 행동이었습니다. 되기도 어려웠지만 안 되길 잘하였다고 생각합니다. 그때 상장되었다면, 지금 같은 메가젠은 없었을지도 모릅니다. 상장이 회사의 궁극적인 목표가 될 수 없습니다. 과정일 뿐이지요. 오래전부터 함께 해주었던 주주들에게 좋은 Exit 방법을 제시하는 것이고, 회사가 발전을 위해 필요한 자금을 조달하는 것이며, 대외적으로 엄격히 관리되는 회사라는 것을 보여주고 위상을 높일 수 있을 것입니다.

똑같은 목적으로 저희 메가젠도 상장의 길을 갈 것입니다

상대적으로 낮은 대주주의 지분 때문에 기업사냥꾼이나 집단의 공격을 받을 수도 있을 것입니다. 전쟁도 마찬가지겠지요? 하지만 연구 중심, 혁신 중심의 회사는 이런 분들의 먹잇감으로는 큰 매력이 없어 보일 겁니다. 곳간에 쌓인 재물을 탐내갈 수는 있겠지만, 결국은 나빠지겠지요. 이런 공격에 약해진다는 것은

메가젠이 내부적으로 성숙되지 못하였다는 것을 의미하므로, 정글의 법칙대로 결과가 만들어질 것입니다. 메가젠은 메가젠의 길을 가게 될 것입니다.

31. 2030년 1조 기업의 비전을 달성하기 위해 2025년까지는 어느 정도의 매출과 시장 점유율을 목표로 하고 있고 글로벌 시장에서 차지하고 싶은 모습은 어떤 모습인지요? 또한 회사 구성원의 숫자나 회사의 모습은 어떻게 상상하고 계신지요?

임플란트의 전체 글로벌 시장의 크기가 타 산업에 비해 그다지 크지 않다 보니, 1조라는 숫자에 다들 놀랍니다. 시장의 성장세, 우리 메가젠의 글로벌 성장세, 또 새로운 아이템의 출시 등을 감안하면 2023년 1조 목표는 충분히 달성 가능하리라 생각합니다. 그 중간 시점인 2025년에는 적어도 5,000억 정도는 달성이 되리라 기대합니다.

글로벌 시장의 약 5% 정도이지만, 그것보다는 기반의 조성이 더 중요하게 다루어져야 할 때입니다. 현재의 100여 개국에서 150여 개국으로 수출국을 늘려나가고, 전략 국가들에 대해서는 직접 마케팅과 교육을 적극적으로 펼쳐나가고자 합니다. 회사

내 각 부서들이 확장일로에 있어서 아마도 현재의 구성원보다 2배 정도는 되지 않을까 생각합니다. 보다 전문적인 연구개발, 한 치의 빈틈도 없는 책임 생산, 글로벌 물류 시스템과 고객 만족 서비스 체계, 개척 정신이 투철한 글로벌 영업팀, 투명하고 공정한 경영 지원 시스템들이 함께 구축될 수 있기를 소망하고, 계속 노력하겠습니다.

저자소개

류랑도

㈜한국성과코칭협회 대표

어떻게 하면 조직과 개인이 시간과 에너지를 엉뚱한 곳에 쏟지 않고, 목표를 달성하고 성과를 내며 성취감 있게 일할 수 있을까? 저자는 지난 25년간 목표달성과 성과 창출을 원하는 조직과 개인에게 필요한 지식과 실천방법을 연구해왔다. 특히 최근 변화한 경영환경 속에서 가장 필요한 것은 권한위임을 바탕으로 한 실무자 중심의 자율적 성과 책임 경영이라는 사실을 강조하며, 개인과 조직에 그것을 알리고 정착시키기 위해 힘쓰고 있다.

실무경험과 인본주의 철학을 바탕으로 한 그의 열정적인 강의와 컨설팅은 수많은 조직과 구성원에게 지속가능한 발전을 선사했으며 《일을 했으면 성과를 내라》, 《제대로 시켜라》, 《성과 관리》, 《델리게이션》, 《일하기 전, 일하는 중, 일하고 난 후》 등 30여 권의 저서는 출간할 때마다 베스트셀러에 올랐다. 25년간의 연구와 실험을 집대성한 '성과 코칭 방법론'을 널리 알리기 위해 현직에서 활동하고 있는 CEO, 성과 관리와 리더십에 대해 강의, 코칭, 컨설팅하는 사람들과 의기투합하여 '한국성과코칭협회'를 만들었다. 기업, 기관, 개인들에게 표준화된 성과 관리 방법과 성과 코칭 방법을 본격적으로 확산·전파하고 있다. 개인의 자율성과 책임감, 기대감이 조직 내에서 중요한 에너지가 되고, 일하는 프로세스와 문화가 실체 있는 구체적인 역량으로 발현되도록 하기 위해 오늘도 현장의 실무자들과 머리를 맞대고 고민하고 있다.

박광범

㈜메가젠임플란트 대표이사

경북대학교 치과대학을 졸업하고, 같은 대학에서 치의학 석사학위와 박사학위를 받았다. 미국 UCLA 치과대학 치주과 방문 연구원을 지냈다. 2002년 임플란트 회사 ㈜메가젠임플란트를 창립했고, 대형 치과병원인 '미르치과네트워크'를 열었다. 지금까지 대구미르치과병원 원장, 메가젠임플란트 대표이사로 재임하고 있다.

경북대학교 치과대학 외래교수, 첨단벤처기업연합회 회장, 대구 상공회의소 의료산업 분과 위원회 위원장을 역임했고, 대한 치과이식학회 정회원, 대한 구강악안면임플란트

학회 교육지도의, 미국 임플란트학회(AO) 액티브 멤버, 미국 치주과학회 정회원, 일본 악교합학회 지도의, MINEC 교육 센터 임플란트·치주 임상교수로 재임 중이다. 현재 KNU 비즈니스 포럼 초대회장이다.

무역의 날(수출유공자) 표창(2011년, 무역협회장 표창)을 받았고, 장영실상(2012년, 교육과학기술부장관 표창), 투명경영대상(2012년, 한국전산회계학회장 표창), 세계일류상품인증(2013년, 산업통상자원부장관 표창)을 받았다. 중소기업 융합대전(2014년, 국무총리 표창), 월드 클래스 300 기업 선정(2015년), 제40회 국가생산성대회(2016년, 국무총리 표창), 3천만 불 수출의 탑(2016년), 5천만 불 수출의 탑(2017년), 7천만 불 수출의 탑(2020년), 1억 불 수출의 탑(2022년), 대한민국 일자리 으뜸기업(2018년, 2022년), 이달의 무역인상(2021년), 중소기업대상(2021년), 대구산업대상(2023년), 연구개발특구 기술 사업화 대상(2023년), 클린 임플란트 품질 대상(2023년, 7년 연속 수상) 등을 수상했다. 2022년에는 국내 임플란트 기업 최초로 CE MDR 인증을 획득했다.

메가젠처럼

2023년 7월 26일 초판 1쇄 발행

지은이 류랑도
펴낸이 박시형, 최세현

책임편집 최세현 **디자인** 윤민지
마케팅 권금숙, 양근모, 양봉호, 이주형 **온라인홍보팀** 신하은, 현나래
디지털콘텐츠 김명래, 최은정, 김혜정, 서유정 **해외기획** 우정민, 배혜림
경영지원 홍성택, 김현우, 강신우 **제작** 이진영
펴낸곳 (주)쌤앤파커스 **출판신고** 2006년 9월 25일 제406-2006-000210호
주소 서울시 마포구 월드컵북로 396 누리꿈스퀘어 비즈니스타워 18층
전화 02-6712-9800 **팩스** 02-6712-9810 **이메일** info@smpk.kr

ⓒ 류랑도 (저작권자와 맺은 특약에 따라 검인을 생략합니다)
ISBN 979-11-6534-764-2 (03320)

쌤앤파커스(Sam&Parkers)는 독자 여러분의 책에 관한 아이디어와 원고 투고를 설레는 마음으로 기다리고 있습니다. 책으로 엮기를 원하는 아이디어가 있으신 분은 이메일 book@smpk.kr로 간단한 개요와 취지, 연락처 등을 보내주세요. 머뭇거리지 말고 문을 두드리세요. 길이 열립니다.